AF547121

DES WORTES *sanfte* MACHT

Salongespräche

Ariane Martin

28
EDITION
ERNEUERUNG GEISTIGER WERTE

Dr. Ing.-Hans-Joachim-Lenz-Stiftung

ISBN-13 978-3-938088-31-9
1. Auflage September 2012

Bibliografische Information der Deutschen Bibliothek:
Die Deutsche Bibliothek verzeichnet die Publikation in der Deutschen Nationalbibliothek; detaillierte Daten sind im Internet über dnb.d-nb.de abrufbar.

Grafische Gestaltung:
Dipl. Des. (FH) Hans Jürgen Wiehr

Druck und Vertrieb:
Books on Demand GmbH, Norderstedt
Printed in Germany

Vorwort der Stiftung

Kultur oder Bildung werden gern als Zeitvertreib, als bürgerliche Dreingabe zu den gewichtigen Geschäften von Wirtschaft und Politik angesehen, quasi als Fortsetzung der Repräsentation, wie sie die Fürsten zu ihrer Zeit betrieben haben. Doch die Monarchie wurde nicht von einer nur anderen Regierungsform abgelöst, Demokratie meint etwas ganz anderes, nämlich die tätige Beteiligung aller an der Gestaltung eines Gemeinwesens, für das alle Verantwortung tragen. Sind sie so frei, das zu tun, müssen sie auch dazu befähigt sein. Und diese Fähigkeit wird im ausgehenden 18. Jahrhundert "Bildung" genannt. Sie ist die Grundlage, das Wissen und die Fähigkeit zum gesellschaftlichen Handeln. So folgt im 19. Jahrhundert der großartige Ausbau von Schul- und Universitätsausbildung als sichtbare Zeichen der Institutionalisierung von Bildung. Neben dieser Formalisierung reicherte sich die informelle Kultivierung an: Musik in Chorgesang, Konzert- oder Opernbesuch, Verbreitung der Klassikerliteratur (Reclam), Bildungsvereine. Aber wo kommt es zum Austausch des Wissens? Wo trägt es zur gelebten Geselligkeit bei und wird somit zur Grundlage aktiver Demokratie? Nach der singulären Repräsentation des Hofes entsteht in den Salons ein zwangloser Treffpunkt zum Austausch von Ideen und Meinungen. Anziehungspunkt ist die Gastlichkeit eines Hauses, die Persönlichkeit und Attraktivität einer Gastgeberin. Frauen sind es, die den Ministern und Poeten, Malern, Wissenschaftlern, Diplomaten und Studenten diesen Treffpunkt bieten, der grandioser Subjektivität ebenso wie differenziertem Wissen Raum und Anerkennung zu geben weiß und immer die Toleranz vorgibt, die den fruchtbaren Streit ermöglicht und fruchtlose Polemik verhindert. Frauen sind es, die mit weiser Hand lenken, sodass alle gerne kommen und anderen zuhören, aber auch sich selbst einbringen. Seinen Anfang nimmt diese Form des Salons im Frankreich des 17. Jahrhunderts. Alsbald folgen andere Nationen nach, Deutschland intensiv im 19. Jahrhundert.

Mit ihrem Beitrag „Des Wortes sanfte Macht" gelingt es Ariane Martin, die verschiedenen Ausprägungen von Salons und die Gedanken jener Frauen darzustellen, die ihr ganzes Leben in eine Idee vom Mensch-Sein einbrachten. Der immense Einfluss dieser Damen, die Kultivierung der Vorstellungen und des Diskussionsverhaltens haben einen historischen Beitrag zur Hebung unserer Kultur geleistet. Mit der Förderung kulturrelevanter Projekte will die Lenz-Stiftung – in einer Zeit drohenden Zerfalls – geistige Werte einer Gesellschaft als Grundlage einer demokratischen Gestaltung erneuern und erhalten.

Mainz, im April 2012

Prof. Dr. Ulrich Knoop
Professur für Germanische Philologie
an der Universität Freiburg,
Kurator der Lenz-Stiftung

Dr.-Ing.-Hans-Joachim-Lenz-Stiftung
Stiftung zur Erneuerung geistiger Werte

Inhalt

1 Einführung

Wo mehre bildend sich in Eins verbunden,
Gewinnt der Künstler seines Daseins Mitte,
Weiß nun, wohin er richten soll die Schritte,
Und sieht die Teile sich zum Ganzen runden.

„*Wo mehre bildend sich in Eins verbunden*" – bereits in der ersten Zeile seines Gedichts *Bündnis* lässt Friedrich Schlegel sein hohes Ideal vom menschlichen Miteinander anklingen. Der Schriftsteller und Kulturphilosoph gehört zu den wichtigsten Vertretern der *Jenaer Frühromantik* und war ein gern gesehener Gast in den so genannten Salons. Hier bildete und bereicherte man sich gegenseitig. Hier wurde gelernt, geliebt und manchmal auch gelitten. Salons waren keine nüchternen Herrenclubs, sondern Orte der Begegnung, deren Atmosphäre von subtiler Erotik durchtränkt war: Reiche des Geistes unter der Führung gebildeter Frauen. Die Salonkultur gehört zu den faszinierendsten Phänomenen der Kulturgeschichte. Sie umfasste mehrere Epochen und Blütezeiten und erstreckte sich nahezu über alle Länder Europas. Adelige und später auch bürgerliche Frauen öffneten die Türen ihrer Palais und Wohnhäuser und verwandelten ihre Privaträume in Orte der Geselligkeit. Sie empfingen die geistige Elite ihrer Zeit und führten mit ihren Gästen Gespräche auf hohem Niveau.

So alt wie das Phänomen ist der Begriff *Salon* allerdings nicht. Das deutsche Wort wurde im 17. Jahrhundert über das gleichlautende französische Wort *salon* aus dem italienischen *salone* entlehnt, einer Vergrößerungsbildung zu *sala* (= frz. salle), also Saal. Allmählich verband sich mit der räumlichen auch die kulturelle Bedeutung. Im Roman *Corinne* von Madame de Staël aus dem Jahr 1807 taucht der Salon zum ersten Mal im Sinne eines Konversationssalons auf. Bis dahin und auch noch später verwandten die Frauen selbst für diese gesellige Formation eine Vielzahl anderer Begriffe: *Chambre bleu* oder *ruelle* (Marquise de Rambouillet), *bureau d'esprit* (Marquise du Deffand u. a.), *Laboratorium* (Julie de Lespinasse), *societé* oder *soirée* (Madame de Staël), „offenes Haus" oder Anfang des 19. Jahrhunderts vor allem in Berlin „Ästhetischer Tee" (Rahel Varnhagen u. a.).

Die vagen sozialen Strukturen sowie die viele Epochen übergreifende und mehrere Kulturzonen umfassende Entwicklung mit ihren eigentümlichen Variationen erschweren eine formal klare Abgrenzung. Bei aller Heterogenität finden sich historisch-phänomenologisch typische, von anderen Formen der Geselligkeit wie Vereinen, Lesezirkeln und (Herren-)Clubs abgrenzbare Merkmale:[1]

1. Im Mittelpunkt des Salons steht eine Frau, die so genannte Salonière. Die Salonièren sind durchgehend sehr gebildet, kultiviert und gesellig. Sie gelten zudem auch als klug und neugierig, eloquent bis wortgewaltig, originell und geistreich, vertrauenswürdig und mütterlich und, wenn nicht schön, so doch auf ihre Art als charismatisch.
2. Die Teilnehmerstruktur ist heterogen. Die Gäste, auch *habitués* genannt, sind Männer und Frauen; sie stammen aus unterschiedlichen Gesellschaftsschichten, Lebenskreisen und Nationen.
3. Die Gäste bilden Netzwerke – lokal, regional, national und international.
4. Die Eingeladenen treffen sich regelmäßig an einem *jour fixe*.
5. Die Zusammenkünfte sind privater Art, ohne übergeordnete Organisation. Es werden weder Mitgliederlisten geführt noch Beiträge erhoben.
6. Es handelt sich um eine zwanglose Geselligkeit. Die „Salonfähigkeit" in Form angemessener Umgangsformen wird vorausgesetzt.
7. Im Zentrum steht das Gespräch.
8. Man spricht über Themen der Bildung – vorwiegend Literatur und Philosophie, gelegentlich auch Musik, Kunst, Naturwissenschaft und Politik.
9. Salons bilden entweder Ableger des Hofes (Mikrohof) und orientieren sich an ihm oder sie stellen ein Gegenmodell dar. Die bedeutenden Salons üben gesellschaftlichen Einfluss aus.
10. Salons sind Freiräume des Denkens – ohne vorgegebene Statuten, Satzungen, ideologische Dogmen und materielle Geschäftsinteressen. Damit sind sie auch Freiräume der Bildung mit der Möglichkeit, Kultur maßgeblich zu gestalten.

Über Salons zu forschen, ist ein endloses Unterfangen. Bereits die Fülle des Materials aus Briefen, Tagebuchaufzeichnungen und Memoiren ist überwältigend. Von jedem aufgenommenen Faden aus ließen sich viele Querfäden verfolgen. Von einer Salonière wird man zu den Gästen, darunter Persönlichkeiten der Geistesgeschichte, geführt; von diesen zu ihren Gedanken und Werken und weiter zu ideengeschichtlichen Strömungen, zu historischen Großereignissen, zu politischen Umwälzungsprozessen usw. Ein großes soziokulturelles, geistesgeschichtliches Gewebe, das mehrere Fäden zugleich in sich birgt. Dass sich in der Erforschung der Salons unterschiedliche Sichtweisen und Bewertungen zeigen können, liegt schon am Gegenstand an sich, an den offenen Strukturen und auch an der langen epochenübergreifenden Entwicklung.[2]

Im Salon begegneten sich Menschen, welche sonst kaum die Gelegenheit gehabt hätten, einander kennen zu lernen. Die Gästelisten mancher Salonièren zeugen von überraschend hoher Internationalität. Sibylle Mertens-Schaaffhausen rühmte in einem Brief von 1846 die Besetzung ihres Dienstagssalons in Rom: *„Es trafen sich dort ‚alle Konfessionen', die verschiedenen Nationen, auch die Stände."*[3] Und Ludmilla Assing schrieb, in ihrem Montagssalon spreche man *„alle Viertel Stunde eine andere Sprache"*.[4] Die geistige Elite trat dort nicht nur in Kontakt, sie kam ins Gespräch. Dabei konnten sich die Einzelnen geistig befruchten, neue Formen des Miteinanders erproben und zur Hebung des kulturellen Niveaus beitragen.

Seit den 1990er Jahren hat das Interesse an Salons wieder zugenommen. Von der breiten Öffentlichkeit weitgehend unbemerkt gedeihen sie in Privathäusern deutscher Metropolen. Zudem wird der Begriff von Literatur- und Künstlerkreisen wie auch vom Kulturmanagement für öffentliche und halböffentliche Veranstaltungen verwendet. Es ist sogar von einer „Renaissance der Salons" die Rede.

Sind aber gesellige Zusammenkünfte und Veranstaltungen schon allein deshalb Salons, weil sie von ihren Initiatoren als solche bezeichnet werden? Kann es heute überhaupt noch – zumindest wenn man die zehn genannten Kriterien ansetzt – Salons geben? Werden sie nicht eher von anderen Erscheinungen wie der Frauenemanzipation und -berufstätigkeit, von den Massenmedien als Foren des öffentlichen Diskurses und als Instrumente der freien, individuellen und gesellschaftlichen Meinungsbildung sowie vom Internet als Instrument weltweiter Vernetzung und Kommunikation überholt? Oder könnten sie heute Funktionen übernehmen und Defizite ausgleichen, weil dies von anderer Seite nicht geleistet wird? Haben sie vielleicht zusätzlich einen ganz eigenen Sinn?

Beim Studium der historischen Salonkultur konnte neben den bereits genannten Kriterien als weitere Besonderheit beobachtet werden, dass Leitmotive wie **Geselligkeit**, **Bildung** und **Sprache** eine Rolle spielten, wenn sie auch nicht jedes Mal explizit benannt wurden.

1.1 Salons als Orte von Geselligkeit, Bildung und Sprache

Geselligkeit ist als eine zweckfreie Form menschlichen Beisammenseins auf der Basis gemeinsamer Werte zu verstehen. Sie zeichnet sich nach Georg Simmel in erster Linie durch die gute Form aus. *„Form"*, erklärt der Soziologe, sei hier *„gegenseitiges Sich-Bestimmen, Wechselwirken der Elemente, wodurch sie eben eine Einheit bilden"*.[5] Hinter die Form treten nach Simmel die Inhalte zurück, weil die Geselligkeit nicht an die äußeren Umstände des Alltags geknüpft ist. Georg Simmel bezeichnet die Geselligkeit als *„Spielform der Vergesellschaftung"*, die sich *„zu deren inhaltsbestimmter Konkretheit"* verhält *„wie das Kunstwerk zur Realität"*.[6] Geselligkeit spielt Gesellschaft, und zwar in Reinform: Hier spielen nicht nur Gleichgesinnte, sondern auch – zumindest für die Dauer des Spiels – Gleichberechtigte. Geselligkeit ist eine Kunstform sozialen Lebens. Friedrich Schleiermacher betont die Wechselwirkung der Teilnehmenden und die Anregung zum freien Gedankenspiel. Zudem bedürfe es einer gewissen geistigen *„Elasticität"*[7], um ein möglichst weites thematisches Spektrum zu gewährleisten und immer neue Anknüpfungspunkte zu finden. Als verbindendes Moment dient das gesellige Gespräch. Es ist dadurch charakterisiert, dass – im Gegensatz zum Alltag, wo des Inhalts wegen gesprochen wird – Reden zum Selbstzweck wird, Gesprächskunst mit eigenen Spielregeln. Sprachkultur gilt als eigener Wert; im Ideal verleiht sie der Geselligkeit eine poetische Komponente. Historische Beispiele für Geselligkeiten auf hohem kulturellen Niveau sind die von Männern getragenen Symposien des antiken Griechenlands sowie die im Folgenden näher beschriebenen, von Frauen initiierten Salons zwischen dem 17. und 19. Jahrhundert.

Der Begriff **Bildung** zählt zu den missverstandenen Wörtern der Gegenwart; die Hintergründe dafür sind zu komplex, als dass sie an dieser Stelle ausführlich behandelt werden könnten.[8] Das heutige Verständnis von Bildung basiert auf Nützlichkeitsaspekten. Bildung ist ökonomischen Zielen unterworfen. Das gängige Bild von Bildung ist das einer unliebsamen Pflicht, eines profitorientierten Informationen-Sammelns, das sich ohne echte Begeisterung und Hingabe vollzieht. So verstandene Bildung geschieht ohne Liebe. Etymologisch verweist Bildung zunächst auf das Bild und damit weit zurück auf die Genesis: *„Und Gott schuf den Menschen ihm zum Bilde, zum Bilde Gottes schuf er ihn" (1,27).* Die menschliche Bildung hat also in gewisser Weise etwas mit dem Versuch zu tun, so zu sein bzw. zu werden, wie Gott sich den Menschen „gedacht" hat.

Eine einheitliche Begründung von Bildung wird dadurch erschwert, dass Bildung im Laufe der Geschichte mit verschiedenen Bedeutungen belegt wurde. Moderne Bildungstheorien als Maß für die Geschichte der Salonkultur anzulegen, macht ebenso wenig Sinn wie das erste Bildungsideal der europäischen Geschichte, nämlich die griechische *Paideía*, zu verwenden oder das Meister Eckharts (1260 – 1328), welcher das deutsche Wort Bildung überhaupt erst „er-funden" hat. Unter Bildung versteht er den Entfaltungsprozess des Menschen zur

Eben*bild*lichkeit Gottes. Sie vollzieht sich sowohl von außen durch die Einwirkung Gottes wie auch von innen durch die Bewegung des Menschen zu Gott hin.

Bildung meint Formung. Der Mensch formt sein Menschsein. Damit klingt schon an, dass es sich weniger um einen fixen Zustand handelt als vielmehr um einen aktiven und komplexen Prozess. Bildung und Mensch-Werden gehören untrennbar zusammen. Im deutschsprachigen Raum wird zwischen Bildung und Erziehung unterschieden. Das Englische hingegen kennt nur eine Entsprechung *education*. Nimmt man zur Bildung die Kultur hinzu, wird es noch schwieriger, denn die Trennung der Bildung von der Kultur ist ein typisch deutsches Phänomen.[9] Bildung steht in verwandtschaftlicher Nähe zu Reife und schließt Begriffe wie Wissen, Intellektualität und Kultiviertheit ein, ohne gleichbedeutend mit ihnen zu sein.

Auch für Wilhelm von Humboldt (1767 – 1835) war das Streben nach Bildung im Menschen angelegt: *„Alle Bildung hat ihren Ursprung in dem Innern der Seele, und kann durch äußere Veranstaltung nur veranlasst, nie hervorgebracht werden."* [10] Es geht also lediglich darum, einen Gedeihraum zu schaffen, in dem die Menschen ihren Bildungsimpulsen nachgehen und ihr Potenzial entfalten können. Darin liegt nach Humboldt *„der wahre Zweck des Menschen – nicht der, welchen die wechselnde Neigung, sondern welche die ewig unveränderliche Vernunft ihm vorschreibt – ist die höchste und proportionierlichste Bildung seiner Kräfte zum Ganzen"* [11]. Es geht also nicht um einseitiges Spezialistentum, sondern um Universalität, um die ausgewogene Ausbildung der Kräfte, um Ganzheitlichkeit. Das höchste Ideal des *„Zusammenexistierens menschlicher Wesen"* wäre Humboldt zufolge *„dasjenige, in dem jedes nur aus sich selbst, und um seiner selbst willen sich entwickelte"*.[12] Voraussetzung für diese Grundsätze sei, dass der Mensch *„gereifte Verstandeskräfte"* besitze; dies wiederum bedürfe der Freiheit; nur so könne der *„selbstdenkende und selbsttätige"* Mensch sich *„nach gehöriger Prüfung aller Momente der Überlegung"* selbst bestimmen.[13] Bildung dient folglich keinem materiellen, sondern dem ideellen Ziel, sich selbst bestimmen zu können.

Geistig steht Humboldt in Verwandtschaft mit Johann Gottfried Herder, Johann Wolfgang von Goethe und Friedrich Schiller. Nach Schiller trägt jeder Mensch als Individuum von seiner Anlage her einen *„reinen idealischen Menschen in sich, mit dessen unveränderter Einheit in allen seinen Abwechslungen übereinzustimmen die große Aufgabe seines Daseins ist ..."*[14] Der Mensch verwirklicht sich vor allem in ästhetischem, und, das heißt für Schiller, in spielerischem Handeln. *„Denn, um es endlich auf einmal heraus zu sagen, der Mensch spielt nur, wo er in voller Bedeutung Mensch ist, und er ist nur da ganz Mensch, wo er spielt."*[15] Bildung – Menschsein – Spiel, das führt wieder zurück in den Freiraum der Geselligkeit. Könnte die ideale Form der Geselligkeit, das dort stattfindende Gespräch unter Gleichen, dem Menschen helfen, sich spielerisch zum Menschen zu bilden?

Für die nachfolgenden Ausführungen bedarf es eines weit gefassten Begriffs von Bildung, zumal, wenn er mehrere Jahrhunderte mit ihren divergierenden Bildungsidealen umfassen soll. Übereinstimmend handelt es sich dabei um die fortwährende, also nie abgeschlossene Entwicklung der menschlichen Persönlichkeit zu mehr Selbstbestimmtheit mit Hilfe von Wissen. Bildung ist Dienst des Menschen am Menschen.

Der für die folgende Darstellung angewandte Begriff von **Sprache** geht über den eines bloßen Zeichensystems hinaus, welches auf Vermittlung von Informationen und damit auf Verständigung abzielt. In dem hier gewählten Verständnis benutzt der Mensch Sprache nicht, um bereits Vorhandenes zu benennen. Der Mensch lebt bereits in der Sprache, weil die Welt durch sie strukturiert und geformt ist. In diesem Sinne schreibt der Philosoph Martin Heidegger: *„Die Sprache ist das Haus des Seins. In dieser Behausung wohnt der Mensch. Die Denkenden und Dichtenden sind die Wächter dieser Behausung."*[16] Denken setzt *Sprache* voraus; umgekehrt erweitert sich im Denken das eigene Sprachbewusstsein. Wir machen Erfahrungen durch Sprache und mit der Sprache. Durch Sprechen und Wahrnehmen des Gesprochenen veredelt der Mensch seine Sprache. Durch die Veredelung seiner Sprache veredelt der Mensch sich selbst. Sprache im Sinne eines ver*laut*barten Denkens, als Fähigkeit der Benennung und Differenzierung und im zweiten Schritt als Mit-Teilung, ist näher bei der Kommunion als bei der Kommunikation, so wie die Freundschaft näher bei der Geselligkeit ist als bei der Gesellschaft.

Die Wechselwirkung dieser Triade von Geselligkeit, Bildung und Sprache ist deutlich: Geselligkeit verbindet sich mit der Sprache – denn sie wirkt als interaktives Band und ist zugleich selbst Gegenstand der Gespräche. Bildung des Einzelnen ist Voraussetzung, um an der Geselligkeit teilnehmen zu können. Diese wiederum ermöglicht durch das Geben und Nehmen der Einzelnen einen Zugewinn an Bildung für alle, Bildung führt zu differenzierterem Sprachvermögen und dieses wiederum beschwingt die Geselligkeit. Konzentriert man die Mindestanforderungen an eine Salondefinition, ausgehend von den genannten historischen zehn Merkmalen, auf die Triade aus Geselligkeit, Bildung und Sprache, so meine These, wäre die Weiterentwicklung der Salon-Idee eine Anregung für gesellige Formationen der Zukunft.

1.2 Stand der Forschung

Die wissenschaftliche Fachwelt bestimmte die Erforschung europäischer Salonkultur bereits vom Ende der 1980er bis etwa zum Ende der 1990er Jahre zu einem kultur-, literatur- und sozialhistorischen Schwerpunkt. Petra Wilhelmy-Dollinger machte sich 1989 mit der fundierten und umfangreichen Studie *Der Berliner Salon im 19. Jahrhundert (1780 bis 1914)* verdient. In ihrem „Handbuch" stellte sie als erste die sonst in der Geschichte der Salons vernachlässigten Berliner Salons systematisch dar. Darüber hinaus analysierte sie die Strukturen und sozialen Mechanismen dieser geselligen Institution. Ihr Ansatz war primär historisch: Ziel war es, bedeutende kulturhistorische Verknüpfungen, die bisher nur in unzureichender Weise behandelt worden sind, darzustellen. Dabei hatte sie auch Vorläufermodelle der Neuzeit im Blick.

Ein komplexes Gesamtbild der literaturgeselligen Formation entwarf Peter Seibert im Jahr 1993 in *Der literarische Salon* und konzentrierte sich dabei auf den deutschsprachigen Raum für die Zeit zwischen Aufklärung und Vormärz. Auch er begann seine Untersuchung mit einem Überblick über die europäische Salontradition und konzentrierte sich dabei auf Italien und Frankreich. Seibert gelang es, bei aller Unterschiedlichkeit gesellschaftlicher Rahmenbedingungen und historischer Entwicklungen doch verbindende und bleibende Strukturen aufzuzeigen. Sein Ansatz war primär literaturwissenschaftlich: Seibert rekonstruierte die Salonpraxis als literarisches Handeln und stellte die Bedeutung der Salons für die Produktion, Vermittlung und Rezeption von Literatur heraus.

Europa – ein Salon? fragten 1999 Wissenschaftler des Göttinger Sonderforschungsbereichs 529 „Internationalität nationaler Literaturen" und publizierten einen Band mit Fachaufsätzen, die sich größtenteils auf die Konferenz *Der literarische Salon als Drehschreibe informeller internationaler Beziehungen und Kontakte* im Jahr 1997 in Tbilissi (Georgien) bezogen. Roberto Simanowski und andere gingen hier der Frage der kulturellen und politischen Relevanz, der Inklusion des Fremden und der Bedeutung für den Transfer fremdkultureller Literatur nach. Sie fokussierten den Blick auf die Aspekte internationaler Vernetzung und Vermittlung.

Verena von der Heyden-Rynsch publizierte ebenfalls über *Europäische Salons*. Ihr Buch aus dem Jahr 1997 gibt vor allem

Laien einen guten Überblick über die Geschichte der europäischen Salons und ihre Vorläufer und stellt sie als Höhepunkte einer versunkenen weiblichen Kultur heraus. Ihr Ansatz ist vom Blick auf die exponierte Stellung der Frauen geprägt. In ihre Publikation sind maßgeblich die Ergebnisse der Untersuchungen von Petra Wilhelmy-Dollinger eingeflossen.

Andere Fachliteratur widmet sich weniger den Salons als epochenübergreifendem Gesamtphänomen, sondern lenkt den Blick enger auf einen konkreten Raum oder Porträts von Frauen. Weitere Hinweise finden sich in Aufzeichnungen von Zeitzeugen, biografischen Schriften sowie in diversen literatur- und kulturhistorischen Publikationen allgemeiner Art.

Die Leser der hier vorgelegten Studie werden zu einer Reise durch die europäische Kulturgeschichte eingeladen, die an bedeutenden Stationen der Salonkultur und ihren Protagonistinnen haltmacht. Es werden Einblicke in Theorie und Praxis von Salongeselligkeit gegeben, Epoche prägende Bildungsideale dargestellt und die jeweiligen historischen Rahmenbedingungen umrissen. Entwicklungs- und Veränderungsprozesse werden somit nachvollziehbar und Zusammenhänge deutlich. Zudem richtet sich das Augenmerk auf die Relevanz der Salons in Bezug auf die oben genannte Triade Geselligkeit, Bildung und Sprache: Was haben Salons in Bezug auf die Ausbildung von zweckfreier Geselligkeit, gehobener Sprache und ganzheitlicher Bildung geleistet? Auf ihre Zukunftsfähigkeit bezogen heißt das weiter: In welcher Form könnten sich vergleichbare Geselligkeiten unter Berücksichtigung sich verändernder gesellschaftlicher Bedingungen und sich wandelnder Welt- und Menschenbilder formieren? Welche Funktion könnten sie in einer zukünftigen Kultur einnehmen? Eine Anregung zum Selbst- und Weiterdenken.

---

1 Wilhelmy-Dollinger (2000), 38f; Heyden-Rynsch, 14ff.
2 Seibert, 1.
3 Simanowski, 22; Dollinger, in: Simanowski, 65.
4 Simanowski, 22.
5 Simmel, 52.
6 Ebd., 53, 57.
7 Schleiermacher, 25f.
8 Fuhrmann (2002); Liessmann (2006).
9 Bollenbeck (1994).
10 Humboldt (1792, 1980), 121.
11 Ebd., 64.
12 Ebd., 67.
13 Ebd., 199.
14 Schiller (1795, 1980), 577.
15 Ebd., 644.
16 Heidegger (1946, 1976), GA 9, 313; vgl. auch 318, 333, 361.

2 Keime, Knospen und Frühblüten

Die Spuren europäischer Salonkultur lassen sich weit zurückverfolgen. Erste Keime finden sich im Umfeld der Athener Hetären und ihrer Geselligkeiten, vor allem bei Aspasia (470 – 420 v. Chr.). Sie soll geistvoll und schön gewesen sein und über eine für ihre Zeit enorme Bildung verfügt haben. Ihr werden Kontakte zu Sokrates, Sophokles, Euripides, Alkibiades und Pheidias nachgesagt. Die geistige Elite der damaligen Zeit verkehrte in ihrem Hause. Aspasia war zunächst Geliebte und dann Ehefrau des Staatsmannes Perikles. Sie unterhielt also nicht nur Verbindungen zu den Intellektuellen, sondern ebenfalls zur Politik und scheint als Vermittlerin fungiert zu haben: *„Aspasias Haus ist ein Ort – Aspasias Ort –, zu dem Intellektuelle gehen. Aspasias wirklicher Körper ist der Ort, an den Perikles kommt. Der individuelle Körper gibt Perikles die gewonnene Information und Erfahrung weiter."*[1] An ihrem Beispiel zeigt sich eine der realen Funktionen von *salon*, nämlich einerseits Intellektuelle bzw. Oppositionelle am Prozess politischer Entscheidungen teilhaben zu lassen und andererseits durch die Zusammensetzung derjenigen, die sich trafen, einen Gegenpol zu den Mächtigen zu bilden: Aspasias Salonnetzwerk stellte in gewisser Weise die Repräsentanten der Gesellschaft jenen der Staatsmacht gegenüber.[2]

Ansonsten sind Altertum und auch das frühe Mittelalter für die Geschichte der Salonkultur eher unergiebig. Männer und Frauen blieben häufig unter sich, das geistige Leben sowie die Kultur der Zeit waren männlich geprägt. Nur wenige Frauen konnten überhaupt lesen und schreiben.

Vom 11. bis zum 13. Jahrhundert trat ein anderes Menschenideal in Erscheinung: *Gens de savoir*, Menschen mit Erkenntnis. Bildung wurde zu einem *„wichtigen Faktor für die Ausgestaltung der persönlichen und kollektiven Identität"*, betont Denis Sdvižkov in seiner Studie *Das Zeitalter der Intelligenz*, sie habe *„das Weltbild in den Köpfen und in der äußeren Umgebung"* verändert; an die Stelle der *„Auflösung des Individuums im Absoluten"* sei die *„Abgrenzung eines autonomen Erkenntnisraums"* getreten.[3] Der Einzelne wurde sich seiner selbst bewusst – er wurde selbstbewusst.

Für die Verwirklichung dieses neuen Menschentyps gewannen die Städte mit ihren nach und nach entstehenden Universitäten an Bedeutung. Entscheidend war jetzt nicht mehr, dass man das Lateinische, die Sprache der Gelehrten, beherrschte. Entscheidend war, wie man als Gelehrter über sie verfügte, wie man mit den Kenntnissen selbst umging, welches Wissen man besaß. Auf diese Weise konnte sich ein intellektuelles Gewerbe mit *venditores verborum*, Händlern der Worte, entwickeln. Es galt nicht mehr wie in der Mönchstheologie, die Wahrheit zu bewahren. Die Erkenntnis der Wahrheit war vom Geist der Zeit inspiriert und damit relativ.

In der Mönchsliteratur wurde die Frau eher wenig beachtet. Im Rittertum hingegen finden sich konkrete Formen des Keimens „salonartiger" Geselligkeiten im Umfeld der Troubadoure in Südfrankreich, vor allem an den so genannten *cours d'amour*, den Liebeshöfen unter Vorsitz der Hofdamen. Die Ethik des Rittertums bildete mit der provenzalischen Dichtung eine Symbiose, die als Wurzel der späteren geselligen Gesprächskultur gilt. Erstmalig fand sich im Rahmen der *cours d'amour* eine geistig-künstlerische Gemeinschaft, die aus Herren und Damen, Höflingen und Dichtern bestand. Beispielhaft ist der Musenhof in Poitiers von Eleonore von Aquitanien (1122 – 1204), an den sie namhafte Künstler und Dichter ihrer Zeit wie den großen Troubadour Bernard de Ventadours rief. Das gemeinsame kulturelle Schaffen löste die Grenzen der Stände auf und wurde zum Vorbild für nachfolgende Modelle.[4]

Nach den blutigen Religionskriegen und dem Niedergang der Troubadourkultur entwickelten sich vergleichbare Gesellschaftsstrukturen erst wieder mit der von Italien ausgehenden, humanistisch geprägten Renaissance. Die umfassende Erziehung und Unterrichtung, die Töchtern wie Söhnen zumindest der führenden Schichten gleichermaßen zukam, weist darauf hin, dass das ideale Menschenbild der Renaissance, die in jeder Hinsicht vollendete Persönlichkeit, auf beide Geschlechter Anwendung fand. So brachte dieser auf Bildung und Lebenskunst beruhende Individualismus großartige Frauengestalten hervor, wie sie in anderen europäischen Ländern erst später in Erscheinung treten sollten.

Isabella d'Este (1474 – 1539), die Markgräfin von Mantua, verkörperte das Ideal der *gentildonna*, der edlen Dame, im 15. Jahrhundert. Mit einem kleinen Kreis von Literaten und Künstlern führte die hoch gebildete Isabella fast täglich Gespräche zu philosophischen und literarischen Themen. Unter ihren Gästen fanden sich auch Raffael, Tizian und Leonardo da Vinci. Dichter und Künstler wurden gleichermaßen gefördert. Ihr Verdienst liegt aber weniger in ihrem Mäzenatentum als vielmehr in dieser *„von Stand und Herkunft unabhängigen*

Geselligkeit gleichberechtigter Geister"[5]. Der Hof von Mantua gehörte damals zu den kultiviertesten in ganz Europa. Weil aber höfische Struktur und Etikette noch beibehalten wurden, zählt er nicht zu den Salons im eigentlichen Sinne, sondern zu den die grundlegenden Strukturen vorbereitenden Vorläufern.

Ihre ebenso gebildete Schwägerin Elisabetta Gonzaga (1471 – 1526) verließ Mantua und wurde durch Heirat zur Herzogin von Urbino. Das Schloss entwickelte sie zu einem kosmopolitischen Knotenpunkt, der Menschen verschiedener Herkunft und offenen Sinnes zusammenführte. Eine Gemeinschaft des Geistes entstand, die jenseits aller Grenzen bereits europäischen Charakter hatte und den Grafen Baldassare Castiglione zu seiner berühmten Schrift *Libro del cortegiano* (*Buch vom Hofmann*), inspirierte. Der Bildung wird hier einen vorherrschenden Platz zugewiesen, denn, so Castiglione, *„nach dem Kriterium der charakterlichen Integrität und noch vor den kriegerischen und gesellschaftlichen Qualitäten sei die Bildung für einen guten Hofmann ausschlaggebend"*[6].

Vor allem die Liberalität und Offenheit von Adeligen wie Elisabetta Gonzaga und Isabella d'Este im geselligen Umgang mit Menschen auch anderer Stände nahmen bereits einige der Hauptmerkmale der späteren Salons vorweg. Ein Grund dafür, dass die jüngere Forschung darin übereinstimmt, die Wiege der Salons liege sowohl kulturhistorisch als auch geografisch im Italien der Renaissance, wenn auch die Institution als solche erst viel später zu dem noch heute gebräuchlichen Namen Salon finden sollte.[7]

---

1 Tevzadze, 83.
2 Ebd., 84.
3 Sdvižkov, 10.
4 Wilhelmy-Dollinger, 23.
5 Ebd., 25.
6 Ebd., 24.
7 Seibert, 3; Tornius, 3.

3 Reife- und Blütezeit

3.1 Frankreich 16. und 17. Jahrhundert

Am französischen Hof war im 16. und 17. Jahrhundert alles, was mit Italien zu tun hatte, in Mode. König Franz I. (1494 – 1547) war begeisterter Anhänger der Renaissance und angetan von der Rolle, die den gebildeten Damen an den Renaissancehöfen zukam. Er konnte Leonardo da Vinci und Benvenuto Cellini für seinen Hof gewinnen und verstand sich als Förderer von Kunst und Kultur. Seine Schwester Margarete von Angoulême, auch Margarete von Navarra (1492 – 1549) genannt, gründete zwar weder Musenhof noch Salon, trug aber zu seiner Einführung erheblich bei. Sie verfasste eine Novellensammlung, *Heptameron,* die eine inhaltliche Nähe zu Boccaccios *Decamerone* hat. Auch hier erzählt sich ein Kreis kultivierter Hofdamen und Herren Geschichten von subtiler Erotik und plaudert über die Liebe mit ihren vielen Nuancen und Variationen. Nicht weniger wichtig als Inhalt und Rahmenhandlung ist dabei das *bel parlare,* die Anwendung schöner Sprache. Neu war das nicht, hatte doch neben Boccaccio auch schon Erasmus von Rotterdam das Thema 1518 in *colloquia familiaria,* in Gesprächen im vertrauten Familienkreis, literarisch verarbeitet. Und doch wurde der leichte, *„dem Leben entnommene Ton"* des *Heptameron* jetzt dankbar aufgenommen und war in den folgenden Jahren stilbildend.[1]

Wichtige Wegbereiter waren zudem die *écoles de civilisation,* eine Initiative des Herrscherhauses Valois. Die Valois-Frauen gaben sich nicht länger damit zufrieden, ihren Gatten lediglich als schönes Beiwerk zu dienen. Sie wollten auch ihren Verstand einbringen und stellten sich eine Form von Ästhetik vor, die Galanterie und Bildung einbezog. Auf die Valois geht die Entstehung der berühmten Gelehrtengesellschaft *Académie Française* zurück, die Kardinal de Richelieu im Jahr 1635 in seiner Funktion als Minister offiziell begründet hat.

Im 16. Jahrhundert bildeten sich auch in Städten wie Rouen, Dijon, Poitiers und Lyon neue Formen zumeist literarischer Geselligkeit. In Lyon hat die junge schöne Dichterin Louise Labé (1525 – 1566) ein Vorläufermodell des Salons initiiert. Die Tochter eines Seilers hatte eine für die damalige Zeit und ihre nichtadelige Herkunft überraschend gute Erziehung erhalten, die sich am Ideal des *uomo universale* der italienischen

Renaissance orientierte. Nach ihrer Heirat mit einem wohlhabenden Mann gestaltete sie ihr Haus zu einer Art Akademie der Musen und lud Freunde, Künstler und Gelehrte zu sich. Dass man sie gerne besuchte, lag an Labés körperlicher Attraktivität und Vornehmheit, der Aussicht auf geistvolle Gespräche und wohl auch an den guten Weinen, die es dort gab.[2]

Der französische Zentralisierungsprozess und die zunehmende Urbanität hatten eine größere räumliche Nähe sozial heterogener Gruppen zur Folge. Die unterschiedlichen Spielarten von Kulturgeselligkeit konzentrierten sich mehr und mehr auf die französische Metropole. Wenn sie auch räumlich nicht an den Hof gebunden waren, so zeigten die neuen literarischen Geselligkeiten doch eine auffallende soziale Nähe zu ihm, etwa wenn die Leitenden gleichzeitig in den Diensten des Hofes standen, wie etwa Jean de Morel und seine Frau Antoinette, die eine *„wenn vom Thron nicht delegierte"*, so doch *„zumindest konzessionierte"* Geselligkeit pflegten.[3] Auch wenn die ersten Gehversuche der Salons noch formal an den Hof gebunden waren, boten sie Mitgliedern des Adels und auch bürgerlichen Teilnehmern ungeahnte Chancen. Ein Forum war geschaffen, in dem Gespräche über Literatur, Wissenschaft und auch Künste sonst getrennt voneinander agierender Stände aufkeimen und zur gegenseitigen Bereicherung beitragen konnten.

Antoinette de Morel bildete zwar nicht den Mittelpunkt der Geselligkeit ihres Hauses, aber sie organisierte und gestaltete sie entscheidend mit. Schließlich war sie nach Gesichtspunkten humanistischer Bildung erzogen worden und kannte sich in antiken Sprachen und in der französischen Literatur aus. Antoinette de Morel verstand sich als ebenbürtige Dialogpartnerin, aber nicht nur: Sie wollte selbst literarisch aktiv sein und tauschte Gedichte mit Ronsard, einem anderen Teilnehmer. Durch dieses Wechselspiel entstanden auch beachtliche Beiträge zur Literatur jener Zeit – eine Gepflogenheit, die im darauffolgenden Jahrhundert in den Pariser Salons populär werden sollte.[4]

Madame de Rambouillet (1588 – 1665)

Den Auftakt bildete zu Beginn des 17. Jahrhunderts das Hôtel de Rambouillet unter der Leitung von Catherine de Vivonne, Marquise de Rambouillet. Sie wurde 1588 in Rom als einzige Tochter des französischen Gesandten Jean de Vivonne, Marquis Pisani, und seiner Frau Giulia Savelli, einer römischen Patrizierin, geboren. Bereits als Kind las sie die Literatur der

Renaissance und nahm die italienische Kultur ihrer Zeit in sich auf. Mit zwölf Jahren heiratete sie Charles d'Angennes, den Marquis de Rambouillet, der von Kardinal Richelieu mehrfach als Gesandter eingesetzt wurde.

Die junge Frau hatte für das Treiben am Hof Heinrich IV. wenig übrig. Ihr schwebte ein ganz anderes Ziel vor: die Gründung einer Geselligkeit nach dem Vorbild italienischer Fürstenhöfe. Dafür ließ sie ein architektonisch innovatives Palais erbauen, ganz in der Nähe des Louvre. Die Treppen wurden an die Seiten gesetzt und die einzelnen Zimmer durch breite, hohe Türen verbunden. Dadurch entstand eine große Flucht von Zimmern, welche die Marquise je nach Bedarf abtrennen oder zu einem großen Raum verbinden konnte. Berühmt wurde vor allem das „blaue Zimmer" oder der „blaue Salon", benannt nach einer blauen Samttapete. Hier führte die Marquise einen neuen, gepflegten und heiteren Lebensstil und schuf den ersten literarischen Salon im eigentlichen Sinn, einen Prototyp, an dem alle nachfolgenden gemessen wurden.[5]

Nicht etwa am Hof wurde damals der durch die Hugenottenkriege (1562 – 1598) verrohte Umgang miteinander verfeinert, sondern an Orten wie diesem: *„Vor Mme de Rambouillet verstummte die Rohheit, die noch im Louvre ihr Wesen trieb."*[6] Und wo es mangelte, unterrichtete sie die Gäste unauffällig in der *politesse du cœur*, eine ihrer charakteristischen Eigenschaften. Auffallend ist, wie sehr die Literatur die Umgangsformen dieser Epoche beeinflussen konnte, so wie in der Renaissance die aus dem höfischen Spiel entwickelten „Höflichkeiten" Einfluss auf die Entstehung von Literatur nahmen, zum Beispiel auf Castigliones *Cortegiano*. Die zunächst noch unentschieden im Raum schwebenden Ideen formten sich zu Gedanken, die von den Einzelnen als gesprochenes Wort in die Runde gegeben wurden, sich schriftlich manifestierten und in Romanform verbreiteten, um dann wieder auf die Gesellschaft zurückzuwirken. Verena von der Heyden-Rynsch weist auf die nicht nur literarische sondern auch soziokulturelle Bedeutung der Schäferromane dieser Zeit hin, vor allem auf *L'Astrée* von Honoré d'Urfe. Jahrelang habe das Werk *als „literarisches Modell des mondän-gepflegten Lebensstils"* gegolten und die Sitten dieser Epoche wie kein anderes geprägt.[7]

Jedes Zeitalter hat sein eigenes Ideal vom Edelmann, vom Kavalier, vom Höfling. Es ist geformt von den Bedingungen und Eigentümlichkeiten der jeweiligen Kultur. Während der Renaissance verbreitete sich in Italien das Bild des humanistisch gebildeten *cortegiano*, Frankreich prägte im 17. und 18. Jahrhundert das Ideal der *honnêteté*, Ehrbarkeit. Dazu gehörten Eigenschaften wie universale Bildung, Weltgewandtheit, gute Manieren und die Fähigkeit zum geistreichen Gespräch. Michel de Montaigne galt als wesentliches Vorbild für dieses Menschenbild, das dem Idealbild der Renaissance vom Wesen her ähnelte. Die äußere Erscheinung gewann noch mehr an Bedeutung: Der *honnête homme* und die *honnête femme* sollten elegant gekleidet und liebenswürdig sein, über einen gewissen Sprachwitz sowie über kontrollierte Mimik und anmutige Gestik verfügen. Auch ein Nichtadeliger konnte ein *honnête homme* sein. Schließlich war dieser Adel geistiger Art und damit von der Herkunft unabhängig. Allein die individuelle Vollendung war entscheidend. Diese Sichtweise lockerte die Grenzen zwischen den Ständen. So kamen als Gäste der Salons auch jene in Frage, die keine adelige Herkunft hatten.

Madame de Rambouillet verstand es, die beiden Aristokratien jener Zeit, die der Geburt und die des Geistes, welche bis dahin ein getrenntes Dasein führten, harmonisch zu verbinden. Jeder *honnête homme* hatte Zutritt und konnte das Salongeschehen mitgestalten. Man kommunizierte, musizierte, rezitierte und dozierte: *„Schriftsteller von Rang und Mitläufer kommen (...), ganz hingegeben an ihre Mission, bringen Folianten und Oktavbände mit, um eigene und fremde Werke vorzulesen; denn auch Zuhören ist zur Kunst geworden.“*[8]

Konversation wurde damals im Gegensatz zu heute nicht mit Geplauder assoziiert, sie diente nicht nur dem Austausch von Gedanken und Informationen, die Menschen erhoben sie zur Kunst. Sie begannen neue Ausdrücke zu erfinden, alte Wörter zu verwerfen, ja die Sprache als *solche „von allem, was man als ‚Barbarismen‘ bezeichnet“*[9] zu reinigen: *„Mit zeremoniös gedrechselten Sätzen in gepflegtem Stil, leicht eingestreuten italienischen Worten, kommentiert man die neuesten Werke, macht einander Komplimente, wagt auch hin und wieder ein kritisches Aperçu, das Gelegenheit gibt, die eigene Sprachgewandtheit bewundern zu lassen, erörtert die Bedeutung eines Wortes, polemisiert über grammatikalische Präzision.“*[10] Wer diese Sprache beherrschte, konnte dadurch hohes Ansehen erreichen, wie der Bürgerliche Vincent Voiture. Der Sprachakrobat lief *„dem ersten Prinzen von Geblüt, dem Großen Condé, im Salon de Rambouillet durchaus den Rang ab“*.[11]

Einer der bekanntesten Habitués war der Literat Pierre Corneille. Im Salon der Marquise gab er seine Theaterstücke noch in der Rohfassung zum Besten und stellte sich der Kritik. Des Weiteren fanden sich Kardinal Richelieu, der Herzog von Buckingham und der Dichter Malherbe bei ihr ein. Malherbe galt als Protagonist eines neuen Dichterideals: *„Er hat dem*

Wort die Macht, dem Vers das richtige Maß, den Stanzen ihre Grazie gegeben, unter seiner Leitung wird die Sprache der Fremdwörter, die Dichtung von Derbheiten gesäubert."[12]

In dieser Zeit kam neben *honnêteté* noch ein zweiter Begriff auf: Die *préciosité (frz. précieux ‚kostbar', dann: geziert, maniriert)*. Clemens Albrecht sieht in den *„Idealen preziöser Liebe"* ein Erbe des mittelalterlichen Minnedienstes, *„indem sie die Männer auf Trieb- und Affektsublimierung durch kulturelle Leistung einschworen."*[13] Die so genannte Preziosität ging weit über Haltung und Handeln der *honnêtes gens* hinaus und zielte auf ihr sprachliches Ausdrucksvermögen ab, auf das fein gewählte Wort und meinte zunächst kostbare, kultivierte Sprache. In der Anfangszeit war der Begriff positiv besetzt und soll auch im Hôtel de Rambouillet im Sinne gefälliger, leichter Plauderei an Stelle von schwerfälliger Gelehrigkeit gefallen sein: *„On n'y parle point savamment, mais on y parle raisonnablement, et il n'y a lieu du monde où il y ait plus de bon sens et moins de pédanterie."*[14] (zu Deutsch: Man spricht hier überhaupt nicht gelehrt, sondern mit Verstand, und nirgendwo sonst auf der Welt gibt es mehr gesunden Menschenverstand und weniger Pedanterie.)

Im Gegensatz zum Hof, wo das Geplauder um amouröse Abenteuer und Intrigen kreiste und das Miteinander beherrschte, widmete man sich im Salon von Madame de Rambouillet der Konversation. Der hier angeschlagene Salonton war geprägt von eleganter Leichtigkeit und gespickt mit Wortspielen. Wo man konnte, integrierte man französische Floskeln und ließ verschiedene Themen rasch hintereinander folgen.[15] Das führte zu einer ganz neuen Form der Gesprächskunst. Bonmots und subtile Schlagfertigkeit produzierten, Simanowski zufolge, quasi *„selbst Literatur in Aktion, eine Art Performance, die davon lebte, nicht aufgeschrieben zu werden"*.[16]

Möglich waren solche kommunikativ-geselligen Erfolge wie der von Madame de Rambouillet nur auf dem Hintergrund der erwähnten sozialen und politischen Verschiebungen in Frankreich, die den Adel auffächerten und in neue Positionen zwischen Hof und Bürgertum drängten. So kann nach Hohendahl bezüglich der sozialen Einordnung dieser französischen Institutionen von *„aristokratisch aber antihöfisch orientierten"* Salons gesprochen werden.[17] Die Marquise de Rambouillet gab dieser neuen Gesellschaftsform einen Stil, der über die nächsten Jahrhunderte bewahrt werden sollte. Falke bezeichnet sie deshalb als *„Königin des Salons"*.[18]

Dass das bekannteste Haus urbaner Kulturgeselligkeit nach seiner Blütezeit von 1638 bis 1645 seine Türen schloss, war kein Zufall. Die Salonkultur als solche erfuhr um die Mitte des 17. Jahrhunderts einen Einschnitt. Ein Grund dafür lag in Bürgerkriegen und politischen Unruhen, ein anderer mag der Umzug des königlichen Hofes im Jahr 1682 nach Versailles gewesen sein. Der König versuchte nun, die Kräfte des Adels wieder vermehrt an sich zu binden. Das Salongeschehen war ihm ohnehin nicht geheuer: Zeigte sich hier doch eine Opposition, die stärker wurde als ihm lieb war, ein erstes Aufkeimen der öffentlichen Meinung, welche die monarchistische Autorität in Bedrängnis bringen konnte.

Am Hôtel de Rambouillet orientierten sich andere Damen wie Madame de Sablé (1599 – 1678) und die Schriftstellerin Mademoiselle de Scudéry (1607 – 1701). Sie versuchten, den von der Marquise verfeinerten Geist von Sprache und Geselligkeit zu bewahren und weiterzutragen. Um 1652 hatte Mlle de Scudéry sich mit den *samedis*, ihren Samstagsempfängen, einen eigenen Salon geschaffen und empfing, auch im Sinne der Nachfolge der Marquise de Rambouillet, die wichtigsten Autoren ihrer Zeit: Sarazin, Godeau, Ménage und Pellisson. Welche Bedeutung Mlle de Scudéry der Preziosität zumaß, verdeutlicht ihr an Frankreich erinnerndes Phantasiebild *Pays de Tendre*, Land des zarten Umgangs, das die Schriftstellerin in ihren Roman *Clélie, histoire romaine* (1654-1660) einfließen ließ. Dort beschreibt sie ein „Königreich der Preziösen" wie folgt: *„Man schifft sich auf dem Fluss der Zuversicht ein und gelangt in den Hafen der Geheimniskrämerei. Von dort aus kommt man auf dem Weg nach Überhöflich, der Hauptstadt des Königreiches, an den drei Städten Anbetungswürdige, Göttliche und Meine Liebe vorbei. Eine Meile vor dieser Stadt befindet sich das gut befestigte Schloss namens Galanterie. Dieses Schloss ist sehr edel und hat mehrere Außenforts zum Lehen wie Verborgene Feuer, Zarte Gefühle und Liebelei-Freundschaft. Gleich daneben sind zwei große Ebenen der Koketterie, die ganz eingefasst sind von den Bergen der Ziererei und der Prüderie. Hinter all diesem ist der See der Verlassenheit am äußersten Ende des Königreichs."*[19]

In der Folgezeit versuchte man, sich gegenseitig in der Sprache, in der Wortwahl, im Pointenreichtum zu übertreffen. Allmählich schlug der Versuch einer schönen, verfeinerten Sprache durch Übertreibung ins Gegenteil um. Die *preciosité*, die Preziosität, steigerte sich ins Gekünstelte, ja Lächerliche. Der sprachliche Manierismus erstickte das lebendige Gespräch.[20] Hat man in der Blütezeit des Hôtel de Rambouillet *„so geschrieben, wie man spricht, so sprach man jetzt, wie man* *schreibt"*, nämlich geziert und geschraubt.[21] Molière bot diese Entwicklung jedenfalls genug Nahrung für seine satirischen Theaterstücke *Les Précieuses ridicules (1661)* und *Les Femmes savantes,* in denen er berechtigte Kritik an der Sprachkünstelei übte. Diese Fehlentwicklungen nehmen den ersten Salons nicht ihren grundsätzlichen Wert und ihre kulturelle Bedeutung, die sich *„von Straße zu Straße, von Stadt zu Stadt, von Landsitz zu Landsitz fortpflanzte und so das ganze Leben der höheren Stände mit Bildung oder wenigstens Bildungsbedürfnis durchtränkte"*[22].

Ninon de Lenclos (1620 – 1705)

Ursprünglich waren es aristokratische Häuser, aus denen Salons hervorgingen. Zu diesen gesellten sich bald neue Varianten, wie die so genannten *cercles de coquettes.* Einen der berühmtesten dieser Zirkel unterhielt Ninon de Lenclos. Die ehemalige Kurtisane besaß gute Manieren, war gebildet und mit vielen bedeutenden Zeitgenossen vernetzt. Manche hielten sie für *die* Verkörperung französischer Kultiviertheit. Während Madame de Rambouillet und ihre Nachfolgerinnen die Preziosität forcierten, setzte sie auf Esprit. *„Man neckte einander, witzelte über Literaten und Mode, sprach sehr viel über Philosophie, aber noch viel mehr über die Liebe. (...) Scherz und Witz regierten das Gespräch. Der Ernst war hier verbannt. Es kam vor allem darauf an, schöne Worte für die Unterhaltung zu finden. Aber dabei musste jedes Preziösentum sorglich vermieden werden. Die Sucht der Schöngeister, mit aufgelesenen Dichterworten zu glänzen, kam hier nicht an. Mehr als auf die Klugheit der Worte, musste man auf die Anmut, sie auszusprechen, acht geben. Lebenskunst wurde mehr getrieben als Literatur."*[23]

In den sechziger Jahren, als das Licht des Hôtel de Rambouillet schwächer wurde, ging in Ninon de Lenclos' Salon ein neues, ein ganz anderes auf: Die Gespräche drehten sich um Themen, die man rückblickend als existentialistisch bezeichnen könnte. Zum ersten Mal wurde am fest gefügten Gebäude des Glaubens gerüttelt. Religiöse Vorschriften wurden hinterfragt und den Gesetzen der Natur gegenüber gestellt, vorsichtig und noch ganz ohne ideologische Hintergründe. Dabei war allen bewusst, dass davon nichts nach Versailles dringen durfte. Man wollte nicht provozieren und ein ähnliches Schicksal erleiden wie Saint-Evremonds, der wegen seiner Ideen und seines vorlauten Mundwerks ins Exil verbannt worden war.

Ninon de Lenclos hatte 1678 ein Haus in der Rue des Tournelles, dem heutigen Boulevard Beaumarchais in der Nähe des vornehmen Place Royale, gekauft. Erdgeschoss und erster Stock des Hauses boten die passenden Räume für ihre Gesellschaften. Während bei der Marquise de Rambouillet die blaue Farbe dominierte, war es hier die gelbe. In ihrem „gelben Salon" verkehrten viele Damen und Herren der Hocharistokratie. Von Ninon de Lenclos empfangen zu werden, galt als Auszeichnung. Ab 1661 war sie auch mit Molière befreundet. Der Theaterdichter las in ihrem Haus 1664 aus seinem Stück *Tartuffe*, einer bitteren Persiflage auf Bigotterie und Heuchelei. Im Salon einer Freundin Ninons, der schönen Madame de la Sablière, fand zu Ende des Jahres 1672 ein Souper statt, das in die Literatur eingegangen ist. Molière berichtete von seinem Vorhaben zum *Eingebildeten Kranken*, mit dem er auf den damals um sich greifenden Scharlatanismus in der Ärzteschaft abzielte, und las bereits fertige Teile der Komödie vor. Unter den Anwesenden war auch ein Arzt, François Berner, der absurde Insidergeschichten zum Besten gab. Eine ausgelassene Stimmung entstand, die Anwesenden beteiligten sich an den dichterischen Formulierungen, während Molière die Gruppe orchestrierte. Auf diese Weise ist die berühmte Schlussapotheose zum *Eingebildeten Kranken* entstanden, ein Meisterwerk der Komik, das heute noch auf europäischen Bühnen gespielt wird. Damals aber, am Tage der vierten Aufführung, starb Molière während einer Vorstellung auf der Bühne. Er hatte es sich nicht nehmen lassen, den Eingebildeten Kranken selbst zu spielen.[24] Ninon hingegen sollte noch viele Jahre leben. Sie wurde fünfundachtzig Jahre alt.

17. und 18. Jahrhundert

In der zweiten Hälfte des 17. Jahrhunderts versammelte der Sonnenkönig Ludwig XIV. (1638 – 1715) Künstler und Intellektuelle an seinem Hofe in Versailles, während das Pariser Salonleben verkümmerte. Dass sich das gesellschaftliche und kulturelle Leben auf Versailles konzentrierte, war aber nicht der einzige Grund für das nachlassende Interesse an den Pariser Salondamen. Ihr gekünstelter Umgang mit Sprache schreckte viele ab. Doch auch am Hofe fühlten sich viele ernsthafte Geister nicht wohl. Vergnügungen, Intrigenspiele und oberflächliche Unterhaltungen regten sie nicht an. Zudem hatte sich am Hof gegen Ende der Regierungszeit Ludwig XIV. vieles verändert. Vom pompösen Glanz war nicht viel mehr als eine strenge Etikette geblieben, das heitere Treiben war in mechanischen Gesten erstarrt. Die Stimmung am Hof war gedrückt. Das lag vor allem an der zweiten Ehefrau des

Herrschers, der bigotten Frau von Maintenon. Die einstige Nachbarin von Ninon de Lenclos beeinflusste den König nachdrücklich mit ihren frommen Ideen und soll aus dem einst luxuriösen Sonnenkönig einen Asketen geformt haben.

Erst nach seinem Tod 1715 erwachte ein neuer Geist. Eine Woge der Heiterkeit und Sorglosigkeit glitt über die Stadt, die der Maler Antoine Watteau in der Erstfassung seines berühmten Louvre-Bildes *Die Einschiffung nach der Insel Cythere* im Jahr 1710 vorweggenommen hatte. Paris konnte erneut zur Hauptstadt des Geistes und auch des Vergnügens avancieren. Zwar hatte sich die gebildete Elite schon länger vor der Vereinnahmung durch Versailles zu verwahren versucht – schließlich wurde durch deren Etikette eine freie Meinungsäußerung unterdrückt –, doch jetzt suchte sie umso gezielter und ungezwungener nach feingeistigen Orten, an denen sie ihren Gedanken nachgehen und aussprechen konnte, was sie dachte.

Die Zeit der Régence (1715 – 1723) unter Philippe d'Orleans, der die Regierungsgeschäfte für den noch minderjährigen Ludwig XV. übernahm, war vergleichsweise liberal. Philippe d'Orleans hatte seinen Regierungssitz von Versailles zurück nach Paris verlegt. Hier, in der schon ohnedies pulsierenden Stadt, verlor der Hof bald *„seine Stellung als Öffentlichkeit"*, so Jürgen Habermas: Indem nämlich *„die Stadt"* dessen kulturelle Funktionen übernehme, verändere sich nicht nur der Träger der Öffentlichkeit, sondern diese selbst.[25] Der städtische Adel distanzierte sich vom Hof und bildete ein Gegengewicht zu ihm. Mittels der neuen geselligen Konversationsformen sollte er in den kommenden Jahrzehnten eine Brücke schlagen: zwischen der Restform der zerfallenden, nämlich der höfischen, und der Vorform einer neuen, der bürgerlichen Öffentlichkeit.[26] Die bürgerliche Avantgarde des gebildeten Mittelstandes ihrerseits erlernte nun die *„Kunst des öffentlichen Räsonnements"* durch Begegnungen mit der höfisch-adeligen Gesellschaft. Das war eine historisch beispiellose Situation.[27] Neu war auch die Privatheit, in der sich das Ganze entwickelte – erste Schritte in die bürgerliche Öffentlichkeit unter Ausschluss der Öffentlichkeit.[28] Doch auch wenn nur eingeladene Gäste Zutritt hatten, als abgeschlossen betrachteten sich die Zirkel nicht. Sie waren eher Teil eines kommunikativen Gewebes, in das auch die wachsende Zahl von Kaffeehäusern, Tischgesellschaften und Clubs eingebunden war.

Im Salon emanzipierte sich die „Meinung" langsam von ihrer wirtschaftlichen und sozialen Abhängigkeit. „Wie liebe ich die englische Kühnheit. Wie liebe ich die Menschen, die sagen, was sie denken", rief Voltaire aus.[29] Man begann zu sagen, was man dachte, ohne Floskeln und Schnörkel. Die Sprache wurde klar und anschaulich, wie der Gedanke, den sie vermitteln wollte.

Nur an einem Ort entwickelte sich in dieser Zeit noch eine luxuriöse Hofhaltung: Auf dem Schloss Sceaux der Duchesse de Maine in der Champagne. *Fetes galantes* inszenierte sie, so glanzvoll wie zu Versailles besten Zeiten, Versailles en miniature. Dabei hatten die noch in der Tradition des 17. Jahrhunderts stehenden mondänen Veranstaltungen der Duchesse de Maine stets eine literarische Note. Ein Mikrokosmos voller poetischer Kleinkunst. Der Musenhof war zwar aristokratisch organisiert, aber die Duchesse ermöglichte erste Begegnungen von Adeligen und Literaten auf Augenhöhe, etwa zwischen Voltaire und jenen adeligen Damen, die später selbst zu geachteten Salonièren avancieren sollten. Vielleicht wurde gerade dadurch der endgültige Zerfall des Hoflebens offenbar: Sceaux bildete den *„Übergang zwischen dem Hof im alten Sinn und den Salons des 18. Jahrhunderts – den geistigen Erben des Hofes."* [30]

Die Kritik am Luxus und an der Prasserei des Hofes von Philippe d'Orleans wurde unter Intellektuellen immer lauter, zumal es um die Staatskasse nicht gut bestellt war. Stattdessen gewannen die Salons zunehmend an Attraktivität, auch für Schöngeister wie Montesquieu und Fontenelle. Die Damen der höheren Gesellschaft ergriffen ihre Chance auf Bildung, Mitsprache und Einflussnahme.

In der Zeit zwischen der Herrschaft Ludwigs XIV. und derjenigen Napoleons belebten die Salons das ganze gesellschaftliche Leben der höheren Kreise. Die meisten der Geselligkeiten, vor allem die hierarchisch weit oben angesiedelten, dienten der Zerstreuung, dem Kampf gegen *ennui*, gegen die Langeweile: Man vertrieb sich die Zeit mit Glücksspielen, Schattenrissen oder der Mode des Parfilierens, d. h. des Auseinanderzupfens goldener Tressen an Vorhängen, Möbeln und Kleidung, oder mit Sticken, einer Beschäftigung, der nicht nur Damen sondern auch Herren nachgingen – wie der Herzog de Coiseul, der sich in seinem Salon 1771 eigens einen Stickrahmen aufstellen ließ.[31] Nur wenige Salonièren schafften es, Teile der geistigen Elite dauerhaft für sich zu gewinnen. Die geschicktesten, kommunikativsten, charismatischsten und gebildetsten unter ihnen mit ausreichendem Vermögen bauten selbst kleine Höfe auf und residierten wie ungekrönte Königinnen in ihren Reichen – *„literarische und politische Kleinstaaten im großen Staate Frankreich"* [32].

Um die Mitte des 18. Jahrhunderts hatte sich die Pariser Salonkultur zu voller Blüte entfaltet. Die Salonièren galten als Partnerinnen in einer brillanten und leichten Konversation inmitten einer Gesellschaft, die, wie Verena von der Heyden-Rynsch es pointiert ausdrückt, *„nicht lebte, sondern formulierte“* und die Sprachbesessenheit auf die Spitze trieb. Die Passion erfasste bald jeden: *„Von der manierierten Salonière bis zum Revolutionshelden – die Rhetorik der Revolution ist ein bestechendes Beispiel dafür,– jeder bastelte, schmiedete an der Sprache, alles wurde dem Wort unterworfen, das Frankreich bis zum Lasterhaften geliebt hat.“* [33]

Die Sprachkunst war auf der Werteskala der Franzosen ganz oben angesiedelt. Sie waren neugierig auf alles, was das Gespräch bereichern und das Leben erweitern konnte. So stand der Salon des Rokoko ganz im Modus des *esprit*, des Geistreichen. Die so genannten *bureaux d'esprit* wurden neben Kaffeehäusern und Clubs zu geselligen Treffpunkten von Intellektuellen. Nicht nur den Literaten öffneten die Frauen ihre Pforten, wie es im 17. Jahrhundert noch der Fall war, sondern auch Gelehrten, Mathematikern, Ärzten, Chemikern und Künstlern. Sie alle verstanden sich als Freidenker, die den Mut hatten, überlieferte Denkgewohnheiten infrage zu stellen. Einig waren sie sich darüber, dass man neuen Ideen gegenüber aufgeschlossen sein müsse. Einig waren sie sich auch darüber, dass man „fortschreiten“ müsse. Und sie waren sich einig darüber, dass das Mittel dazu in der Erkenntnis läge. Was es genau zu erkennen gab, wussten sie nicht. Sie philosophierten. Die Dynamik der Salon-Netzwerke war enorm. Zwischen 18 und 20 Uhr etwa trafen sie sich bei der einen Salonière, zum Souper in den späteren Abendstunden bei der anderen, montags wieder bei einer anderen und am Dienstag bei einer weiteren. Auf diese Weise konnten abgerissene Gespräche nach nur wenigen Stunden wieder aufgenommen und über Monate vertieft werden. Immer wieder trafen andere, neue Gäste hinzu, gaben ihre Impulse in die Runde und erweiterten mit ihren Wortgaben die Sicht aller auf die gemeinsam besprochenen Dinge. Die *bureaux d'esprit* entwickelten sich zu Orten, an denen neue Ideen im Kollektiv erarbeitet wurden. Die bekanntesten und wohl auch einflussreichsten Salondamen des 18. Jahrhunderts werden im Folgenden vorgestellt.

Madame de Lambert (1647 – 1733)

In ihrem Hôtel de Nevers legte Madame de Lambert das thematische Hauptgewicht auf Fragen der Philosophie und der Wissenschaft. Als Anführer galt der Philosoph Montesquieu.

Ganz besonders lag ihr an der Freiheit des Geistes, der Befreiung von den Zwängen der öffentlichen Meinung und von klerikalen Autoritätsansprüchen. Bei ihr durfte vieles gedacht und ausgesprochen werden, was damals noch als Tabu galt. So hegte sie durchaus revolutionäre Ideen: *„Ich nenne Volk alles, was niedrig ist und plebejisch denkt: am Hofe wimmelt es von solchen Leuten."* [34]

Madame de Lambert.
Die unabhängige Intellektuelle.
Quelle: CC-BY-SA

Als Kind ist Thérèse de Courcellesie, wie sie damals hieß, sehr einsam gewesen. Ihre Passion waren Literatur und Seelenerkundung (Psychologie). Ihr Stiefvater führte sie in die Welt der preziösen Sprache und des galanten Umgangs ein. Mit achtzehn Jahren heiratete sie den Marquis de Lambert. Sie fügte sich in die gesellschaftlichen Erwartungen ihres Mannes, eines angesehenen Hauptmanns im königlichen Regiment. Nach seinem Tod 1686 konnte sie sich ihren intellektuellen Neigungen hingeben und gründete 1710 einen Salon. Jeden Dienstag versammelte sie sowohl berühmte Künstler wie auch kritische Geister um sich. Die Zusammenkünfte begannen mit einem Essen um dreizehn Uhr, gefolgt von einer *„conférence académique"*, in der *„von jedem Besucher die persönliche Ansicht zu den jeweiligen ästhetischen, philosophischen oder pädagogischen Diskussionsthemen abverlangt wurde"*.[35] Auf diese Weise wurde eine Egalität unter den Anwesenden hergestellt, Wortbeiträge jedes einzelnen waren erwünscht und wurden wertgeschätzt. Eine Geselligkeit von Gleichen unter Gleichen.

Madame de Lamberts besonderes Anliegen galt der Stellung der Frau in der Gesellschaft. 1727 publizierte sie die *Réflexions nouvelles sur les femme* (*Neue Gedanken über die Frauen*) und setzte damit emanzipatorische Impulse. Ihr Salon stand dementsprechend auch Frauen aus verschiedensten Milieus offen: Adeligen, Literatinnen und sogar Schauspielerinnen. Seine Modernität lockte ganz unterschiedliche Besucher an. Wie groß das Ansehen Madame de Lamberts und ihres Salons im frühen 18. Jahrhundert war, lässt sich vor allem am Einfluss auf die *Académie Francaise* ablesen. In ihrem Salon wurden unter Beteiligung intellektueller Frauen Vorentscheidungen für die Wahlen zur Akademie getroffen. Dazu trugen auch jene Gäste bei, die Zugang zu internen Informationen hatten und sie ausplauderten. Dass bedeutende Details zu Madame de Lambert durchsickerten, war für sie von Vorteil. Kaum jemand wurde zum Mitglied der Akademie ernannt, den sie nicht befürwortete. Für das Ansehen eines Schriftstellers und seine materielle Situation konnte das entscheidend sein. Zeitgenossen fanden deshalb eine bildhafte Beschreibung für den Lambert'schen Salon: Sie nannten ihn *„antichambre de l'Académie"*, Vorzimmer der Akademie.[36]

Als die politischen Verhältnisse in Frankreich schwieriger wurden, rückten literarische Auseinandersetzungen und Bonmots über gesellschaftliche Ereignisse an die zweite Stelle; der Kreis der Marquise kommentierte und kritisierte die aktuelle Politik. Allerdings beschränkte er sich eher auf geistreiche Wortbeiträge als dass hier zukünftige Staatsmänner herausgebildet wurden. In der Person Madame de Lamberts verband sich auf ungewöhnliche Weise Klassik und Aufklärung. Ihre geistige wie gesellschaftliche Unabhängigkeit als Frau und die Freiräume der Geselligkeit, die sie schuf, sollten alle folgenden Salons prägen. Im chronologischen Sinne gilt sie als deren *„Urmutter"* [37].

Madame de Tencin (1682 – 1749)

Ob Claudine Alexandrine Guèrin, die Marquise de Tencin, tatsächlich den Auftakt zu einer neuen Phase in der Geschichte der Pariser Salons bildete oder ob sie lediglich in die Fußstapfen ihrer Vorgängerinnen trat, wird unterschiedlich beantwortet. Goethe würdigte sie als *„Stifterin der neueren Pariser Gesellschaften, welche sich unter den Augen merkwürdiger [Anmerkung: im Sinne bedeutsamer] Frauen versammelten"*, Valerian Tornius verneint diese Ansicht.[38] Unbestritten ist aber, dass die *bureaux d'esprit* sich zu Keimzellen aufklärerischer, auch revolutionärer Literatur entwickelten, in der sich ihre Autoren, die so genannten Enzyklopädisten trafen.

Als Mädchen wurde Claudine wie auch ihr Bruder Pierre und viele andere Kinder der damaligen Zeit von ihrer Familie ins Kloster geschickt. Nach dem Tode ihres Vaters floh sie gemeinsam mit dem Bruder nach Paris. Die schöne junge Frau machte schnell durch ihren Geist und ihr bewegtes Liebesleben von sich reden. Einer kurzen Affäre mit dem König Philippe d'Orleans – länger konnte er ihre politischen Diskurse nicht ertragen – folgte die Liaison mit seinem Premierminister. 1718 gründete sie einen Salon in der Rue Saint-Honoré. Die Exkurtisane soll klug gewesen sein, ihr Charakter hingegen war umstritten. Der ebenfalls kurzen Liaison mit einem Artillerieoffizier, Chevalier Destouches, entstammte ein Kind, das Madame de Tencin nach der Geburt 1717 vor einer Kirche aussetzte. Der Junge wurde von der Frau eines Glasers aufgezogen und sollte später als berühmter Mathematiker und

Schriftsteller selbst in den Pariser Salons verkehren. Dass sie ihn als Säugling ausgesetzt hatte, verzieh Jean Baptiste le Rond d'Alembert seiner Mutter nie.

Zunächst standen im Salon von Madame de Tencin weniger literarische Themen im Mittelpunkt als vielmehr religiöse. Peter Seibert zufolge soll sie versucht haben, die Versammelten für die Klerikerkarriere ihres Bruders Pierre Guérin de Tencin (1680 – 1758), dem späteren Kardinal der katholischen Kirche und Erzbischof von Embrun und Lyon, einzuspannen. Viele Geistliche, darunter auch Abbés, Bischöfe und Kardinäle wie Kardinal Guillaume Dubois, verkehrten in diesem Zirkel. Und nicht wenige hatten ein Faible für zotige Witze, selbst wenn sie gegen Kirche und Christentum gerichtet waren. Hinter dem spielerischen Umgang mit freigeistigen Gedanken verbarg sich *„eine halb spielerische, halb verzweifelte Selbstauflösung. Die herrschende Klasse glaubte an nichts mehr, am wenigsten an sich selbst."* [39] So verwundert es nicht, dass der Kreis um Madame de Tencin auch Intrigen und erotische Koketterien tolerierte; manch einer ließ sich auf Madame de Tencins Kuppeleien und amouröse Spiele ein.[40]

Dem Treiben setzte ein Konflikt, in den auch König Ludwig XIV. und Papst Clemens XII. verstrickt waren, ein jähes Ende. Auf Drängen Ludwig XIV. hatte der Papst 1713 die Bulle *Unigenitus* verfasst und wollte auf diesem Weg einen theologischen Streit um die Gnadenlehre des Kirchenvaters Augustinus (Jansenismus) beheben. Der kirchlichen Lehrmeinung zufolge war der Jansenismus eine Irrlehre. Der Konflikt erstreckte sich bis in den Salon von Madame de Tencin. Zunächst ließ der König den antihöfisch eingestellten Aristokratenzirkel überwachen, indem er Spione einschleuste. Als das nicht zum erhofften Erfolg führte, verbannte er Madame de Tencin kurzerhand aus Paris. Sie durfte erst wiederkehren, nachdem sie einlenkte und ihre Kontakte zu den aus kirchenpolitischer Sicht bedenklichen Kreisen nicht wieder aufleben ließ.

In der folgenden Zeit setzte Madame de Tencin einen literarischen Schwerpunkt in ihrem Salon. Wie Madame de Lambert verfügte auch sie über enge Kontakte zur Akademie und förderte Erstlingswerke junger Schriftsteller. Dabei hatte sie auch ihre eigenen Interessen im Blick: Die Förderung war an das Recht geknüpft, die Autoren in ihrem Salon noch vor dem eigentlichen Erscheinungstermin aus ihren Werken lesen zu lassen. Damit sicherte sie sich ihren Einfluss auf die Literaturproduktion ihrer Zeit.[41]

Bis zu dieser Zeit war die französische Welt gegenüber anderen Ländern eher verschlossen. Kontakte mit Menschen aus den übrigen Teilen Europas hatte es kaum gegeben. Nun strömten die Fremden nach Paris, in die *bureaux d'esprit*: Engländer, Deutsche, Dänen, Italiener, Spanier, sogar Moskowiter.[42] Unter ihnen: Horace Walpole und Lord Chesterfield. Das ganze literarische Europa sandte Huldigungen und Anbeter, selbst Papst Benedikt XIII. trat in Korrespondenz mit Madame de Tencin, um seinen literarischen Ruhm in dem berühmten Salon zu festigen.

Es ist erstaunlich: Frankreich konnte, obwohl seine politische Macht schwand, die geistig-kulturelle Führung in Europa übernehmen. Albert Kaltenthaler nennt dafür mehrere Gründe: Die während der Religions- und Bürgerkriege aus Frankreich geflüchteten Hugenotten übernahmen die sprachliche Vermittlungsfunktion im Bereich der Geistes- und Naturwissenschaften. Sie übersetzten Werke ins Französische und trugen dazu bei, dass das Französische zur gelehrten, zur universellen Sprache Europas wurde. So schrieben Casanova, die österreichische Kaiserin Maria Theresia und auch der preußische König Friedrich II. ihre Briefe und Memoiren auf Französisch. Des Weiteren übten französischer Lebensstil, Literatur und auch die Kunst Frankreichs eine enorme Anziehungskraft auf die geistige Elite Europas aus. Bis zum Beginn der Herrschaft Napoleons trennte man streng zwischen Kultur und Politik. Auf diese Weise wurden Angehörige „feindlicher" Nationen, gegen die Frankreich militärische Niederlagen erlitten hatte, ebenso vorurteilsfrei in den Salons empfangen wie Besucher aus Ländern, die zu dieser Zeit politische Bündnispartner Frankreichs waren.[43] Wo die Kultur blühte, fühlten sich die Menschen verschiedenster Nationen unter ihresgleichen. Viele blieben längere Zeit, manche über Monate, und reisten nur ungern wieder ab. Sie hatten geistige Gefährten gefunden und damit ein Stück innere Heimat.

Madame de Tencin. Die kluge Strategin. Quelle: CC-BY-SA

Madame de Tencins Salon galt als erster *„kosmopolitischer Sammelpunkt in Frankreich"*, dem noch weitere folgen sollten.[44] Nicht die Politik, nicht der Sitz des Regenten, sondern die Salon-Geselligkeiten mit ihrer Präsenz von hoher Bildung und Kultur waren es, die Paris zum europäischen Geisteszentrum, zu dem Salon Europas machten. Hier trafen Kosmopoliten auf Kosmopoliten: *„Der Kosmopolit stellt Europa über sein Vaterland, das Vaterland über die Familie."* [45] Ein neues europäisches Bewusstsein war erwacht. Die geistige Elite Europas begann sich in einer „Republik des Geistes“ unter französischer Regie zu vereinigen. Hier wurde sie mit neuen Ideen inspiriert, von hier trug sie die freigeistigen Gedanken weiter in ihre Heimatländer, nach Skandinavien, in den deutschsprachigen Raum, nach Spanien, Italien, Polen und Russland. Man darf die historische Bedeutung dieses grenzüberschreitenden geistigen Gewebes nicht zu gering schätzen, aber seinen gesellschaftspolitischen Aktionsradius auch nicht zu hoch: Schließlich war es nicht an politische noch an wirtschaftlichen Kräfte angebunden, sondern setzte auf das Bewusstsein und die Denkfähigkeit des Einzelnen, in der Hoffnung auf eine flächendeckende Wirkung von unten.

Madame Geoffrin (1699 – 1777)

Im Jahr 1730 war in Madame de Tencins Salon eine unscheinbare Nachbarin aufgetaucht: Marie Therese Rodet, die Frau eines reichen Spiegelfabrikanten namens Geoffrin. Damals hatte Madame de Tencin im Kreis ihrer Freunde über sie gespottet: *„Wissen Sie, was die Geoffrin bei mir macht? Sie kommt nur, um zu sehen, was sie von meinem Inventar übernehmen kann.“* Anders als Madame de Tencin war Madame Geoffrin von bürgerlicher Herkunft und so vornehm, anregend und edel, dass sie oft als *honnête femme* bezeichnet wurde. Im Gegensatz zu anderen Salonièren kam sie mit der intellektuellen Elite zum ersten Mal in einem Salon zusammen. Sie fand eine gebildete Geselligkeit ohne Standesunterschiede und war begeistert von der geistigen Nahrung, die sie dort fand. In der Tat besuchten viele Gäste von Madame de Tencin ab 1741 auch das Haus von Madame Geoffrin; sogar Diderot, d'Alembert, Marmontel, Holbach, Grimm und Fontenelle. Ihr Salon bildete den Auftakt eines bürgerlichen Zeitalters.[46]

Madame Geoffrin.
Die gütige Gastgeberin
Quelle: CC-BY-SA

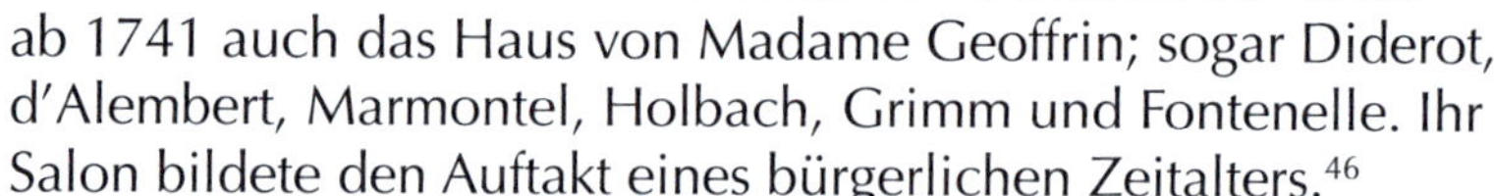

In den Salons dieser klassischen Zeit trat der Ehemann der Salonière, falls es überhaupt einen gab, so gut wie nicht in Erscheinung. Zum Erfolg des Salons trug der Ehemann indirekt durch sein Vermögen bei, welches der Dame des Hauses ermöglichte, ihre Gäste standesgemäß zu empfangen und zu bewirten. An die Stelle des Hausherrn trat oft einer der regelmäßigen Gäste. Es war meist jener, der sowieso schon heimlicher Mittelpunkt der Versammlung war, jener, der andere mit sich zog, auf dessen Worte sich neben der Gastgeberin alles konzentrierte. Madame Geoffrins Ehemann war zwar oft anwesend, hielt sich aber schweigend im Hintergrund.

Eine Anekdote besagt, Madame Geoffrin, eines Tages gefragt, wo denn der schweigsame ältere Herr geblieben sei, habe lakonisch geantwortet: *„Ach, das war mein Mann, er ist gestorben."* [47] Madame Geoffrin muss ein mütterlicher Typ gewesen sein und spielte diese Rolle auch gerne. So soll sie den britischen Schriftsteller Horace Walpole 1765 nach einem Gichtanfall besucht haben: *„Sie hat eine Art mich zu tadeln, die mich entzückt"*, notierte er später. *„Niemals habe ich jemanden gesehen, der so heftig die Fehler, die Eitelkeiten und die Falschtuerei eines jeden angreift. Jetzt habe ich richtig Spaß daran und ernenne sie zu meinem Beichtvater und Seelenführer."* [48]

Madame Geoffrin wollte, dass die Abende bei ihr harmonisch verliefen. Um Streit zu vermeiden, ließ sie bestimmte Themen, aus der Sicht ihrer Gäste waren es die meisten, gar nicht erst aufkommen: *„Mutter Geoffrin teilt mit"*, kommentierte Melchior Grimm in einem Bericht, *„sie erneuere die Schutz- und Verbotsvorschriften der vergangenen Jahre, und es sei nach wie vor bei ihr nicht gestattet, von inneren und äußeren Angelegenheiten zu sprechen, desgleichen nicht von Dingen, die sich am Hof, in der Stadt, in Nord oder Süd, Ost oder West zutragen, und ebenso wenig von solchen der Politik, den Finanzen, des Friedens, des Krieges, der Religion, Regierung, Theologie, Metaphysik, Grammatik, Musik, ja über gar kein Thema, und sie beauftrage Ehrwürden Burigny (...) wegen seiner bekannten Geschicklichkeit und des großen Vertrauens, das er genießt, jeden zum Schweigen zu bringen und allen ihren besonderen Groll zu verheißen, die eins dieser Verbote übertreten."*[49] Dass die *habitués* damit auf ganz eigene Art umzugehen wussten, beschreibt an anderer Stelle Karl Rosenkranz: Marmontel, Morellet, d'Alembert, Duclos und Freunde seien regelmäßig nach dem Geoffrin-Essen zum Tuileriengarten gegangen, um sich dort *„unter den Kastanienbäumen der Hauptalleen (...) für den Zwang zu entschädigen, den sie sich bei ihr angetan hatten."* [50]

Auch Briefe schrieb Madame Geoffrin leidenschaftlich gern, wie viele in der damaligen Zeit. Selbst mit der Zarin von Russland, Katharina der Großen, stand sie im Briefwechsel. Diese weihte nicht etwa Ludwig XV. oder Friedrich II. in Details ihrer Regierungspolitik ein. Wenn sie Wert auf die „Meinung Europas" legte, wandte sie sich an Madame Geoffrin! Offensichtlich erkannte sie die Bedeutung, die man in Europa den Salons zumaß, sie wusste, wo *„das Wetter gemacht"* [51] wurde. Doch nicht nur das. Katharina II. schrieb mitunter vertraulich, als habe sie es mit einer Freundin zu tun. Eine Anekdote besagt, dass die Zarin im Winter 1773 Denis Diderot nach St. Petersburg eingeladen hatte. Über die Gewohnheit Diderots, seine Gesprächspartner im Feuereifer des Gesprächs zu kneifen, schrieb sie an Madame Geoffrin: *„Ich komme nie mit heiler Haut aus unseren Unterredungen, stets habe ich wunde und ganz schwarze Schenkel. Ich war sogar gezwungen, zwischen ihn und mich einen Tisch zu stellen, um vor seinem Gefuchtel geschützt zu sein.“* [52] Wenn Madame Geoffrin allerdings selbst politische Themen anschnitt, verbat sich die Kaiserin die Vertraulichkeiten und verwies auf die soziale Distanz.[53] Madame Geoffrin musste auf schmerzliche Weise dieselben Einschränkungen erfahren, die sie ihren eigenen Gästen auferlegte.

Madame Geoffrin, 1. Reihe 3. v. rechts, in ihrem Salon
Quelle: CC-BY-SA

Der Salon Madame Geoffrins bestand über dreißig Jahre und galt als der bestorganisierte seiner Zeit. Hervorgehoben wird neben seiner kosmopolitischen Besetzung auch die seltene Kombination von hohem geistigen Niveau mit vor allem Common Sense. Dahinter stand ein ausgeklügeltes System, die verschiedenen Gäste in Gruppen einzuteilen und zunächst an verschiedenen Tagen zu empfangen. Eine Vorgehensweise, die Madame Geoffrin bei Madame de Tencin kennengelernt hatte und auf die schon Madame de Lambert schwor. Wegen der Berührungsängste zwischen Adeligen und den bürgerlichen *gens de lettre* hatte sie die Geselligkeit kurzerhand zweigeteilt. Dienstags empfing sie die bürgerlichen Literaten und am Mittwoch den Adel. Auf diese Weise wurden die „aristokratischen Reservate“ noch eine zeitlang gesichert.[54]

Ganz anders und für die damalige Zeit recht unkompliziert ging sie mit ihren weiteren Gästen, mit Künstlern und Gelehrten, um: *„Madame Geoffrin, die ihr großes Vermögen gastfrei und edel genießt, gibt wechselweise an Gelehrte und Künstler zweimal die Woche eine Tafel von mehr als zwanzig Gedekken und bittet jedes Mal Fremde dazu: diese müssen ihr aber durch alte Freunde empfohlen sein."* So beschrieb der Schriftsteller Helfrich Peter Sturz in einem Reisebrief vom November 1768 seinen Besuch bei ihr. Und weiter: *„Hier wird man mit merkwürdigen Männern bekannt; d'Alembert, Helvétius, Marmontel, Mariette, Cochin, Souflot, Vernet sind ihre gewöhnlichen Gäste. Es ist Sitte, dass jeder für seine Zeche eine Neuigkeit mitbringt; da trägt man Verse und Prose, Manuskripte und Bücher, Gemälde, Vasen und Büsten zusammen."* Auch über die Gastgeberin verliert er ein paar Worte. Ihre Sprache habe sich verfeinert; ihr Ausdruck sei weder erborgt noch gesucht; sie urteile mit heller Vernunft, oft höre sie einer tiefen Betrachtung mit scheinbarer Gleichgültigkeit zu und sage danach ihre Meinung mit wenigen Worten. Sie scherze mit einer ernsthaften Miene, hadere zuweilen mit einer launigen Wendung und verstehe es, Verweise so anzubringen, dass man sie dafür noch lieber gewinne.[55]

Nach ihrem Tod widmete ihr Melchior Grimm in seiner *Correspondance littéraire* ein würdiges Andenken: *„Wohl niemand in mäßigen Vermögensumständen und von privatem Stande hat so viel Anspruch auf einen Platz im Gedächtnis der Gesellschaft wie Frau Geoffrin; trotzdem wurde sie, kaum von der Bühne des Lebens abgetreten, vergessen. Ohne die Huldigung, die kürzlich drei Schriftsteller ihrem Gedenken darbrachten, hätte das Leben dieser einzigartigen und verehrungswürdigen Frau schon keine Spur mehr hinterlassen; denn es ist nur zu wahr: Was wir die ‚Gesellschaft' nennen, ist das Oberflächlichste, Undankbarste und Leichtfertigste, was es auf Erden gibt!"*[56]

Zu den drei im Zitat genannten Schriftstellern gehörte auch d'Alembert, der sich vor allem gegenüber der unkomplizierten Großzügigkeit Madame Geoffrins dankbar erwies – eine Patronage, die Seibert als *„Übergangshilfe vom Mäzenatentum zur materiellen Abhängigkeit vom Buchmarkt"* [57] beschreibt. Als das Projekt der Enzyklopädisten, das monumentale Nachschlagewerk *Encyclopédie ou Dictionnaire raisonné des Sciences, des Arts et des Métiers* (erstmals erschienen 1751) im Jahr 1759 kurz vor dem Aus stand, ermöglichte sie ihm mit Hilfe einer beträchtlichen Summe seine Veröffentlichung.[58] Vordergründig dienten die Bände dazu, Wissen zu vermitteln. Doch dahinter verbarg sich ein anderer Zweck, nämlich aufklärerische und damit subversive Ideen zu verbreiten.

Hinter der Kontinuität der Salons von Madame de Tencin bis Madame Geoffrin verbirgt sich ein *„wichtiger soziokultureller Schub hin zu einer nichtaristokratischen Kulturträgerschicht, indem eine Frau aus berufsbürgerlichen Kreisen sich als Organisatorin einer literarischen, nicht mehr standeshermetischen Geselligkeit anbieten und behaupten konnte“.*[59] Der soziale Aufstieg der bürgerlichen Madame Geoffrin ist beispielhaft für diese Entwicklung, für eine allmählich durchlässiger werdende Gesellschaft. *„Nicht angeborene, sondern erworbene ‚Privilegien‘ haben hier Gültigkeit; sie sind auf ‚Widerruf‘ verliehen (...) Das Schema ist also nicht starr, seine demokratische Grundlage unverkennbar, seine Grenzen fließend.“* [60]

Madame du Deffand (1697 – 1780)

Eine Zeitgenossin von Madame Geoffrin war *Madame du Deffand*, eine Frau von so hohem Geist und so hoher Bildung, dass sie häufig mit Voltaire auf eine Stufe gestellt wurde. Umgänglich und herzlich war sie jedoch nicht. Sie galt im Gegenteil als störrisch und widersprüchlich. Als Sechsjährige wurde sie, Marie de Vichy-Champrond, bereits Waise und, wie Madame de Tencin, zur Erziehung in ein Kloster gegeben. 1718 heiratete sie den Marquis du Deffand, einen Generalleutnant, und ging mit ihm nach Paris. Ihre Intelligenz, ihre Schönheit und ihr Witz dienten als Türöffner, sogar am Hof des Regenten Philippe d'Orleans. Wie viele andere vor ihr wurde sie seine Geliebte. Das Verhältnis mit dem König von nur fünfzehn Tagen Dauer, für die damalige Zeit recht lang, brachte ihr die beachtliche Pension von sechstausend Livres jährlich ein.

Während ihrer mittleren Jahre spielte Madame du Deffand eine wichtige Rolle auf dem Schloss von Sceaux bei der Duchesse de Maine. Bei deren Festlichkeiten und Gesprächen konnte sie sich als eine der führenden Persönlichkeiten der Pariser Noblesse etablieren. Ab dem Jahr 1740 führte sie in Paris einen Salon. Hier traf sich alles, was in Wissenschaft, Literatur und Politik Rang und Namen hatte: Voltaire, d'Alembert, Montesquieu, Fontenelle, Hume, Marmontel, Choiseul, Chamfort, Maupertuis u. a. Wegen seiner schlechten Manieren soll sie Diderot ferngehalten haben (aber er legte auch keinen Wert auf ihre Gesellschaft), und auch Jean-Jacques Rousseau war ihr unsympathisch, vermutlich weil sie seinen *Gesellschaftsvertrag* langweilig fand und auch seinem *Émile* nichts abgewinnen konnte. Denen, die sie als salonwürdig erachtete, offerierte sie exquisite Speisen und feine Weine, ganz nach ihrem Motto: Das Souper ist eines der vier Endziele des Menschen. Ich habe vergessen, welche die drei anderen sind.

Die erlesenen Menus für ihre Gäste, mal waren es vier oder fünf, mal zwanzig bis dreißig, verschlangen ein Vermögen. Mehr als die Hälfte ihres Jahreseinkommens landete förmlich auf dem Tisch. Bis zwei, drei Uhr morgens dauerten die Empfänge in der Regel, und da hatte man schon rund acht Stunden beisammen gesessen. Sie selbst gab sarkastische Witze zum Besten und glänzte durch die kalte Präzision ihrer Gedanken. Ihre geschliffene Rede gefiel, ihre Bonmots wurden bewundert, ihre ironischen Abfälligkeiten hingenommen oder als Aufforderung verstanden, Paroli zu bieten. Eine bald mehr gefürchtete denn geliebte Frau, die sich auf echte, tiefe Liebesbeziehungen nicht einlassen wollte oder konnte. Im fortgeschrittenen Alter hat sie sich dann selbst noch überrascht. Sie verliebte sich in den zwanzig Jahre jüngeren britischen Schriftsteller Horace Walpole, der zwar hingerissen von ihrer Klugheit war, aber ihre Liebe nicht erwiderte, sondern nach England zurück ging. Der umfassende Briefwechsel der beiden dokumentiert du Deffands eher unzufriedenes und zunehmend verzweifeltes Seelenleben, während sie im Briefwechsel mit Voltaire mit Verstand und Geistesschärfe beeindruckt. Zwar misstraute sie Voltaire genauso tief wie er ihr, doch die beiden konnten nicht voneinander lassen. Wären sie sich sympathischer gewesen, schlussfolgert der britische Essayist Lytton Strachey, sie hätten sich nie *„die Mühe gegeben, so gut zu schreiben. Beide waren von vollendeter Haltung – von ausgesuchter Höflichkeit und dennoch ungezwungen bis in die Fingerspitzen, wie Tänzer in einem Menuett.“* [61] Madame du Deffands Stil gilt als durchsichtig klar und von feinster Präzision, einer Linie gleich, *„rasch, scharf, sicher, mit überlegener Kunst“*, Strachey zufolge der Höhepunkt des klassischen Ideals: *„Sie führt nie mehr als einen Schlag und trifft immer den Nagel auf den Kopf.“* [62] Ihre treffenden Bemerkungen, ihr sicheres Urteilsvermögen und ihr schlagfertiger Witz machen ihre Briefe zu den interessantesten des ganzen Jahrhunderts.

Julie de Lespinasse (1732 – 1776)

Von ganz anderem Wesen war Julie de Lespinasse, die Nichte und langjährige Gesellschafterin Madame du Deffands. Die Mademoiselle hatte ihr Brot zunächst als Lehrerin in Lyon verdient und wurde von ihrer erblindenden Tante 1754 nach Paris gebeten. Sie war weder reich noch schön und übte doch einen großen Reiz auf die Gäste aus, von denen sich einige in sie verliebten. Zu ihren Aufgaben gehörte es, der Herrin nicht nur vorzulesen, sondern sie auch in Zeiten der Unpässlichkeit und der Ruhe – sie schlief meist bis weit in den Mittag – zu vertreten. Dabei entschädigte sie die Gäste mit ihrer Herzlichkeit für die emotionale Kühle ihrer Tante.

Schon in den fünfziger Jahren hatten sich die französischen Aufklärer heimlich bei der jungen Julie getroffen, bevor sie sich zu Madame du Deffand begaben. Als die alte Dame dies Jahre später herausfand, fühlte sie sich betrogen und brach mit der Nichte. Madame du Deffand hatte für ihren Zirkel immer Exklusivität beansprucht und die Ideen der Aufklärung abgelehnt. Mit ihrem ganzen Wesen hing sie an der Kultur des Ancién Regime. Zudem rangen die beiden Frauen auch um die Hauptperson im Salon, um d'Alembert. Vor die Wahl gestellt, Madame du Deffand die Treue zu erweisen oder mit Julie zu ziehen, entschied er sich für letztere, nicht nur, aber auch weil er in sie verliebt war.

Die junge Frau musste das Haus ihrer Tante verlassen. Doch ihre Freunde ließen die nun Mittellose nicht im Stich. Turgot, Hénault, d'Ussé und Madame de Chatillon spendeten Geld, die Marschallin von Luxembourg kaufte ihr eine komplette Wohnungseinrichtung und Madame Geoffrin erklärte sich bereit, drei wertvolle Bilder aus ihrer Gemäldesammlung an die russische Zarin zu verkaufen, um Julie unterstützen zu können. Nach 1764 erschien der gesamte Kreis der Enzyklopädie allabendlich, zwischen sechs und zehn Uhr, bei Julie de Lespinasse in der Rue Saint-Dominique. Die Pläne, die bisher in den Räumen der Marquise du Deffand geschmiedet worden waren, erfüllten nun ihren Salon. Madame du Deffand konnte die Kränkung nur schwer hinnehmen. Das ist umso verständlicher, als die Salonièren dieser Zeit ihrer Aufgabe mit einer Bedingungslosigkeit nachgingen wie niemals zuvor.

Die großen Damen des 18. Jahrhunderts lebten für den Kreis ihrer Freunde, für ihren Salon. Gräfin d'Agoult, rund hundert Jahre später selbst eine große Salonière, hatte rückblickend gerade darin das Geheimnis ihres Erfolges gesehen: *„Der Salon war (...) das höchste Ziel der Pariserin, die Genugtuung ihrer reifen Jahre, der Ruhm ihres Alters (...) Sie verwandte darauf ihre ganze Intelligenz, opferte ihm jede andere Beschäftigung und gönnte sich von dem Augenblick an, da sie sich dazu entschlossen hatte, keinen anderen Gedanken, keine Zerstreuung, keine Bindung, keine Krankheit und keine Traurigkeit mehr."* [63]

Wenn man diesen Frauen Selbstsucht nachsagen konnte, dann eher in kollektiver als in persönlicher Weise. Schließlich war der Salon ein riskantes Unternehmen, denn dieses feine Räderwerk menschlicher Beziehungen erforderte Takt, Wohlwollen und manche Schmeichelei. Durch Madame du Deffands Geistesschärfe und Skeptizismus drohten viele Wortbeiträge vorzeitig dem Spott, der schärfsten verbalen Waffe, ausgesetzt zu sein, bei Julie de Lespinasse hingegen fühlten sich die Gäste frei und erlaubten sich, ihre Gedanken direkt auszusprechen. *„Sie beherrschte in höchstem Grade die so schwere und edle Kunst, den Geist der anderen zur Geltung zu bringen, ihn scheinbar zwang- und mühelos zu beteiligen und aufzubieten"*, berichtete Melchior Grimm in seiner *Correspondance littéraire*. Sie habe es verstanden, so Grimm weiter, die verschiedensten Geister miteinander auszusöhnen. Man sei dort Männern aus allen Bereichen des staatlichen, höfischen, kirchlichen und militärischen Lebens sowie Schriftstellern und Menschen aus dem Ausland begegnet.[64] Die Frau aus bescheidenen Verhältnissen vollbrachte eine Moderations- und Kommunikationsleistung, die ihre Vorgängerinnen noch nicht erreicht hatten. Ihr Salon galt als Laboratorium und Julie selbst als „Muse der Enzyklopädie". Zudem trug sie maßgeblich zu einem neuen Lebensgefühl bei. *„Freunde, seien wir nicht zu geistreich, analysieren wir weniger und genießen wir um so mehr"*, forderte sie.[65] Das offenherzige Miteinander des Salons spiegelte auch die Weise wider, in der Julie ihre *habitués* an ihren meist weniger glücklichen Liebesbeziehungen Anteil nehmen ließ. Damit deutete sich ein neues Kulturmuster an, die Empfindsamkeit.

Der Mathematiker d'Alembert war Julie in großer Liebe zugetan und zog zu ihr, nachdem er schwer erkrankt war; das freundschaftliche Verhältnis führte allerdings nie zu einer Partnerschaft. Julie ihrerseits fühlte sich nämlich leidenschaftlich zu einem ihrer Gäste hingezogen, zum spanischen Marquis de Mora. Später entflammte sie für Jacques-Antoine de Guibert, beide tragische, unglückliche Liebesbeziehungen. Julie, die höchst sensibel und emotional veranlagt war, begann, sich mit Opium über die seelischen Konflikte hinweg zu helfen. In der Folgezeit verschlimmerte sich, vermutlich auch dadurch, ihre Tuberkulose. Als sie 1776 starb, hinterließ sie eine unendliche Zahl empfindsamer Liebesbriefe, schön und erschreckend, zart und krankhaft zugleich: nach Strachey *„die vollständigste Analyse einer in Wirklichkeit durchlittenen Leidenschaft, die die Welt besitzt."* [66] Doch diese Abhängigkeit mit allen pathologischen Begleiterscheinungen darf nicht über die Tatsache hinwegtäuschen, dass sie eine bezaubernde und inspirierende Dame der großen französischen Gesellschaft gewesen ist.

Zur französischen Kultur dieser Zeit gehörte neben den Salons noch etwas anderes, die schon mehrfach angedeutete

Korrespondenz als eine Art geschriebenes Gespräch. Fast jede Salonière betrieb einen umfangreichen Briefwechsel. Denn in einer Zeit, in der das Reisen teurer und um ein Vielfaches beschwerlicher war, konnten viele Kontakte nur über einen kontinuierlichen Briefwechsel aufrechterhalten werden. Das 18. Jahrhundert wurde zu einem „Jahrhundert des Briefes". Briefe schreibend blätterte der Mensch seine eigenen Gedanken auf und wurde sich ihrer auf subjektivierende Weise bewusst. Bald avancierte der Brief zu einer eigenständigen literarischen Form. Man schrieb sie nicht nur für Freunde, sondern auch für die (Halb-)Öffentlichkeit – und gab sie alsbald zum Druck. Die bei den Salonièren eintreffenden Briefe von Menschen, die zu ihren Gästen zählten oder gezählt hatten, vor allem aus dem Ausland, sorgten für internen Gesprächsstoff und konnten ganze Abende füllen. Es war sogar üblich, Briefe in der Runde vorzulesen, damit alle teilhaben und sich über die Inhalte austauschen konnten.[67]

Neben der Fülle von Briefen, Tagebüchern und Bekenntnisschriften begleiteten auch „literarische Journale" das kulturelle Leben. Dazu gehörte auch die schon mehrfach zitierte *Corréspondance littéraire*, die literarische Korrespondenz, von Melchior Grimm, der wie später auch Madame de Staël früh die Notwendigkeit eines grenzüberschreitenden Kulturtransfers zwischen Deutschland und Frankreich erkannte. Die literarischen Journale widmeten sich der Rezension von Büchern und kommentierten kulturelle Ereignisse. Die Herausgeber beabsichtigten damit, eine Basis für Diskussionen zu schaffen und den Idealen der Aufklärung und weiterer geistiger Strömungen Aufwind zu verleihen. Auf diese Weise drang der neue französische Geist auch in die Adels- und Patrizierhäuser ganz Europas.[68]

Vor allem in der zweiten Hälfte des 18. Jahrhunderts übernahm zusätzlich das Kaffeehaus literaturkritische Funktionen. Es basierte gerade auf der *„Loslösung des geselligen Raumes vom ‚Haus' und emanzipierte sich im Gegensatz zum Salon von der Privatsphäre"* [69]. Als für jedermann zugänglicher, öffentlicher Raum wurde das Kaffeehaus von Adeligen allerdings selten aufgesucht, ebenso wenig von Frauen. Das Kaffeehaus war ein Ort, wo die bürgerlichen Männer unter sich blieben.

Zu den Kaffeehäusern und den Salons gesellte sich bald eine weit einflussreichere Instanz. Durch die Vermittlung der *„Presse und deren professioneller Kritik"* wurden die bürgerlichen Schichten nun *„zusammengehalten"*, so der Philosoph Jürgen Habermas. [70] Presse, literarische Journale, Briefwechsel, Gespräch, Lesezirkel und Leihbüchereien – Aspekte des Geistes und der Bildung also und nicht der Politik – formten in dieser Zeit die öffentliche Meinung. Auch wenn Bürgerliche nicht herrschen konnten, so vermochten sie doch – durch das Prinzip der publizistischen Kontrolle – dem Prinzip der Mächtigen etwas entgegenzusetzen. Sie erreichten einen Strukturwandel in der Verteilung von Macht – ermöglicht durch Bildung. Habermas nennt das *„Strukturwandel in der Öffentlichkeit"*.[71] Es werden Prinzipien deutlich, die Jahrhunderte später bedeutende Funktionen in der Demokratie übernehmen sollten.

18. und 19. Jahrhundert

Was sich am Ende des 18. Jahrhunderts in der Welt veränderte, hätten Salonièren wie Julie de Lespinasse und Madame du Deffand sicher nicht für möglich gehalten. In dem Jahr, in dem Julie de Lespinasse verstarb, 1776, entstanden mit der Unterzeichnung der amerikanischen Unabhängigkeitserklärung die Vereinigten Staaten von Amerika. Im Jahr 1774 hatte Goethe seinen Briefroman *Die Leiden des jungen Werthers* mit Erfolg auf der Leipziger Buchmesse präsentiert. Der Roman wurde zum Bestseller. Vor allem die jüngeren Gebildeten begeisterte er für ein neues Lebensgefühl – für die Empfindsamkeit.

Dieses zarte Gefühlsleben wurde in Frankreich bald von erzürnten und polternden Bauern unterbrochen. Sie murrten über Lasten und Steuern und waren nicht mehr bereit, sich und ihre Familien von den Mächtigen ausnehmen zu lassen. Sie kämpften um ihre Existenz. Als Madame du Deffand 1780 starb, lag auch das Ancièn Regime, dem sie sich so verbunden fühlte, auf dem Sterbebett. Wenige Jahre später, am 14. Juli 1789, wird eine Menschenmenge die Bastille stürmen, die Nationalversammlung wird sich gegen den müde gewordenen Ludwig XVI. durchsetzen und ein Gesetz verabschieden, das den König der politischen Bedeutungslosigkeit überlässt. Gewalt und Terror wird die französische Welt erschüttern. Man wird einander misstrauen und sich in der Hoffnung auf eigene Rettung gegenseitig verraten. Die intellektuelle Elite Frankreichs, die geistige Macht Europas, wird nicht verschont bleiben. Die Revolution wird auch jene verschlingen, die sie zwar ermöglicht, aber so nicht gewollt hatten: Die Querdenker, die Vordenker, die aufgeklärten und aufklärenden Philosophen, welche einst für Ideale von Menschenwürde, Freiheit, Toleranz, Gleichheit, Solidarität, für die Menschenrechte schlechthin, angetreten waren.

Nicht nur in Frankreich brachen politische und gesellschaftliche Strukturen zusammen: Das seit dem Mittelalter bestehende Heilige Römische Reich mit seinen römisch-deutschen Kaisern an der Spitze stand vor dem Fall. Auch die ästhetischen Kategorien wandelten sich. Neben dem Rationalismus der Aufklärung hatte sich im ausgehenden 18. Jahrhundert eine weitere geistige Strömung gebildet, die Romantik. Was die beiden Bewegungen zunächst verbunden hat, war die Auffassung, dass der Mensch vom Ansatz her veränderbar ist. Diese Annahme schuf in beiden Fällen ein dynamisches, revolutionäres Potential.[72] In der Romantik aber wird nicht der Verstand, sondern das Gefühl zur wahren Quelle menschlichen Schaffens erklärt, eine Auffassung, die auch Julie de Lespinasse teilte. Die volle Hingabe an das Gefühl wird das Band, das alle, vor allem die Jugend, aneinander bindet. Nicht mehr Objekt und Objektivität bilden den Mittelpunkt des Interesses, sondern der Mensch; sein Wesen, seine Neigungen, seine Gedanken. Der Wunsch nach einer anderen, nach einer heiteren, naturnahen, poetischen Welt regt sich. Dieser Sehnsucht spürten Schriftsteller wie Bernadin de St. Pierre in seinem Werk *Paul und Virginie* und Jean-Jacques Rousseau in *Neue Heloise* nach. Rousseau etwa beschrieb sein Lebensgefühl so: *„Ich fand in mir eine unerklärliche Leere, die nichts ausfüllen könnte, ein Hinsehnen des Herzens nach einer anderen Art von Freude, von der ich selber keine Vorstellung hatte und gleichwohl ihrer bedurfte."* [73] Die innere Poesie drängte so machtvoll nach außen, dass sie die bisher eher trockene und kühl wirkende Eleganz des französischen Prosastils *„völlig mit neuem Saft durchtränkt und umwandelt"* [74].

In dieser aufgewühlten Zeit mit ihren widersprüchlichen Werthaltungen, zwischen Aufklärung und Romantik, wuchs eine Frau auf, die selbst ein Widerspruch war, Anne-Louise-Germaine Necker, die spätere Madame de Staël.

Madame de Staël (1766 – 1817)

„Drei Mächte gibt es in Europa: England, Russland und Madame de Staël." Dieser Ausspruch machte um 1812 die Runde. Und alle wussten, was gemeint war. Madame de Staël hatte politischen, kulturellen und gesellschaftlichen Einfluss. Eine bewunderte und zugleich gefürchtete Frau, vielleicht auch die gebildetste und geistreichste ihrer Zeit.

Am 22. April 1766 kam Anne-Louise-Germaine in Paris zur Welt. Es war die Regierungszeit Ludwigs XVI., der ihren Vater Jacques Necker, einen Schweizer Bankier, zu seinem Finanzminister gemacht hatte. Das Ansehen der Neckers in Germaines Kindertagen war ungewöhnlich groß; kaum ein Tag verging, an dem sie nicht Zeugin öffentlicher Ehrerbietungen ihrem Vater gegenüber wurde. Ihre Mutter legte bei der Erziehung ihrer Tochter großen Ehrgeiz an den Tag. Germaine lernte bereits als kleines Kind Englisch und Latein, Theater, Tanz, Literatur und Philosophie. Während andere Kinder ihre Zeit mit gleichaltrigen Spielgefährten verbrachten, saß Germaine bei ihrer Mutter im Salon, der zu den ersten Adressen in Paris zählte.

Für das gesellschaftliche Ansehen des Bankiers konnte es nur von Vorteil gewesen sein, dass in seinem Haus die Crème de la Crème französischer Geistesgrößen verkehrte: Neben Marmontel auch die Enzyklopädisten Diderot und d'Alembert, Buffon, Melchior Grimm, der Publizist Suard, der Dichter Thomas Meister sowie die Abbés Raynal, Galiani und Morellet. Auch die legendären Salonièren des Ancién Regime, Mme Geoffrin sowie Mme du Deffand, besuchten den Salon Necker. Er sollte für Germaine zu einer einzigartigen Schule werden: *„Sie hörte, nahm auf, setzte um, und sie übte sich in der Akrobatik der geistreichen Wechselrede, der direkten Erwiderung auf vorgetragene Thesen und Meinungen, mit allen Nuancen und Nebentönen, die die Konversationskunst erforderte, so dass sie später niemand darin übertreffen sollte."* [75]

Als Jacques Necker, einem gebürtigen Schweizer und Protestant, 1776 überraschend das französische Finanzministerium übertragen wurde, war Germaine gerade zehn Jahre alt und daran gewöhnt, bei sich zu Hause nicht nur der philosophischen und politischen Elite des Landes zu begegnen, sondern auch Diplomaten und Ausländern. Mit fünfzehn Jahren kommentierte sie Montesquieus *Der Geist der Gesetze* auf eine so kluge Weise, dass ihr die geistige Elite Respekt zollte.

Der Salon Necker wurde wie die *bureaux d'esprit* ein *„gesellig-kommunikatives Zentrum der Enzyklopädisten"* [76] und galt als eines der „Vorzimmer der Revolution" – solange Necker die Macht hatte. Nach außen zeigte sich Versailles zwar erwartungsgemäß prunkvoll, dahinter verbarg sich jedoch ein monetäres Desaster. Ludwig XVI. und Marie-Antoinette herrschten über ein Land, das finanziell am Ende war. Nicht nur die Verschwendung am Hofe, sondern auch der verlorene Siebenjährige Krieg und Frankreichs Engagement im amerikanischen Unabhängigkeitskrieg hatten den französischen Staat ruiniert. Hinzu kamen Missernten, das Volk musste Hunger leiden. Necker kaufte auf eigene Kosten Getreide, um die Pariser Bevölkerung zumindest mit dem Notwendigsten zu versorgen.

Es war die erste Phase der Französischen Revolution, als Germaine, Tochter eines hochrangigen Politikers, vieles hautnah miterlebte: Die feierliche Prozession der zwölfhundert Vertreter des französischen Volkes am Vorabend der Versammlung der Generalstände am 4. Mai 1789; dann den so genannten Ballhausschwur am 20. Juni, in dem die frisch gegründete Nationalversammlung sich entschied, nicht eher auseinanderzugehen, bis eine neue Verfassung errichtet und der König unter Druck gesetzt sei. Sie erlebte die Entlassung Jacques Neckers, des derzeitigen Volkslieblings, als Finanzminister, was zu einer weiteren politischen Destabilisierung führte. Die Familie Necker ergriff die Flucht, die Pariser Bevölkerung die Waffen. Am 14. Juli fiel das Pariser Staatsgefängnis, die Bastille, und damit ein Symbol absolutistischen Herrschens. Unterdessen erreichte die Neckers in Basel ein Eilkurier, der den Hilferuf Ludwigs XVI. überbrachte, der Finanzminister möge ihm in der mittlerweile eskalierenden Situation beistehen. Zurück in Paris wurde Necker erneut gefeiert wie ein Nationalheld. Am 5. Oktober 1789 war Germaine mit ihren Eltern zugegen, als 8000 Frauen und einige tausend vermummte Männer aus der Unterschicht in Versailles auftauchten, um Brot zu fordern und den König zu bewegen, nach Paris zurückzukehren. Bewaffnet verschafften sie sich Zugang ins Schloss. Germaine lief blutverschmierte Korridore entlang, erlebte Mord, sah Gemetzel mit eigenen Augen. Es war eine gefährliche Zeit.

Wenige Jahre zuvor, im Jahr 1786, hatte sie einen siebzehn Jahre älteren schwedischen Diplomaten in Paris, Baron Eric Magnus de Staël-Holstein, geheiratet. Sie gebar ihm eine Tochter, die nur achtzehn Monate lebte, und ging bald eigene Wege. Germaine ließ sich auf außereheliche Liebesbeziehungen ein und bekam drei weitere Kinder.

Madame de Staël. Die wortgewaltige Europäerin. Quelle: CC-BY-SA

In Paris hatte die Kunst der Konversation in den Jahren vor der Revolution ihre höchste Vollendung erreicht. Und wenn es eine Französin gab, die dieses ideale Bild parlierender Franzosen repräsentierte, dann war es Madame de Staël, die glänzende Rednerin ihrer Zeit. Je kleiner der Kreis, desto mehr muss ihr Geist gesprüht haben: *„Sie konnte witzig sein und ein Gespräch über Theater, Hof und gesellschaftlichen Tratsch unterhaltsamer führen als die meisten anderen; aber erst, wenn sie über Themen sprach, die sie leiden-*

schaftlich erregten, gab sie ihr Bestes, und dann erst war ihre Konversation einzigartig und unterschied sich vollkommen von den Wort-Balletten der Salons des achtzehnten Jahrhunderts." [77] Aus den Aufzeichnungen ihrer Wegbegleiter geht hervor, dass sie ihr Umfeld mit der *„Stärke ihrer Empfindungen"*, dem *„Zugriff ihres Verstandes"* und dem *„improvisierten und doch sicher gelenkten Strom ihrer Beredsamkeit"* elektrisierte. Die Wirkung glich *„einem seltenen musikalischen Ereignis"* wie ihr Biograph Christopher Herold beschreibt: *„In Augenblicken der Inspiration, die auch bis zu einer Stunde währen konnten, standen die Zuhörer absolut unter ihrem Bann und reagierten manchmal sogar physisch, so voll Spannung war die Atmosphäre, die sie erzeugte."* [78]

Sie sprach gut, aber ihre bemerkenswerteste Gabe war eine andere. Diese bestand darin, *„andere zu inspirieren und ihnen zu helfen, ihre Gedanken in eine Form zu bringen. Weit mehr noch als in den Höhenflügen des eigenen Geistes lag darin ihre Macht, und sie nützte sie bis zum äußersten. So wie eine hübschere Frau sich ihrer körperlichen Reize möglichst vorteilhaft bedient hätte, so entflammte Germaine die Männer rein durch die Macht des Wortes."* [79] Das Wort, die Sprache, die Rede, der Brief, das war es, worum sich ihr Leben drehte, das war sie selbst. Sprache war für sie Lebenselixier, das sie empfing und weiterreichte, nahm und gab, wieder und wieder. Sprache war das Medium, über das sie in Kontakt mit der Welt trat, das Wort ihr Federball, den sie durch die Luft fliegen ließ, einer gedachten Brücke folgend vom Ich zum Du. Das Gespräch als interaktives Spiel, bei dem, und da ist sie ganz Französin, die Interaktion selbst wichtiger ist als der Gesprächsinhalt.

In ihrem neuen Zuhause, der schwedischen Botschaft in der Rue de Bac, hatte sich Germaine nach ihrer Hochzeit einen eigenen Salon eingerichtet. Die großen Salonièren des 18. Jahrhunderts lebten damals nicht mehr: Madame du Deffand, Madame Geoffrin und auch Mademoiselle de Lespinasse – sie alle waren mittlerweile gestorben. Während die Salons ihrer Vorgängerinnen literarisch geprägt waren, stand bei ihr die Politik vermehrt im Mittelpunkt. Germaine vertrat aufklärerische Gedanken und war zunächst glühende Anhängerin der Revolution, aber die zunehmende Gewalt erzürnte sie, die Schreckensherrschaft war ihr zuwider. Die Radikalisierung der Jakobiner zwang Germaine 1792 zur Flucht ins Exil. Ihr Vater hatte bereits 1784 das Schloss Coppet in der Nähe von Genf gekauft, das der Familie, Germaine und ihren Freunden noch viele Jahre als Zufluchtsort dienen sollte.

In der Schweiz lernte sie im Herbst 1794 den Schriftsteller Benjamin Constant kennen und kehrte mit ihm 1795 nach Paris zurück. In ihrem Salon versammelten sich nun Vertreter der unterschiedlichsten politischen Gruppen. Mitglieder von Napoleons Regierung, Oppositionelle, sogar seine Brüder. „Immer wenn man mit ihr zusammen war, ist man mir weniger gewogen", beschwert sich der Feldherr. Anfangs hatte sie ihn noch bewundert und hoffte auf politische Einflussnahme zu ihren Gunsten. Sie sollte sich irren.

Im Jahre 1800 erschien ihr erstes bedeutendes Werk *De la littérature considérée dans ses rapports avec les institutions sociales* (Über Literatur, in ihren Verhältnissen mit den gesellschaftlichen Einrichtungen und dem Geist der Zeit). Germaine plädierte darin für die Freiheit als eine Bedingung des Fortschritts, was nur despotische Regierungen verleugneten. Gegen wen die Spitze gerichtet war, blieb Napoleon keinesfalls verborgen. 1803 verbannte er sie unwiderruflich aus Paris. Die Verbannte entschied sich, aus der Not eine Tugend zu machen. Sie nutzte die Gelegenheit, um Europa zu bereisen, zunächst Deutschland kennen zu lernen und ihre Erlebnisse literarisch zu verarbeiten. Sie reiste nach Weimar, Leipzig und Berlin. Den Literaturhistoriker und Shakespeare-Übersetzer August Wilhelm von Schlegel bat sie, ihr als Erzieher ihrer Kinder nach Coppet zu folgen. Er sollte auch bei ihrem Projekt behilflich sein, den Franzosen die philosophischen und literarischen Entwicklungen in Deutschland näher zu bringen.

Auf Schloss Coppet, dem elterlichen Zufluchtsort Germaines, entstand ab 1805 etwas Einmaliges in der Geschichte der europäischen Salons: Ein internationaler Treffpunkt, eine Ideenfabrik des geistigen Europas. Das Spektrum der Gäste war immens, nicht nur kulturell, auch politisch und religiös: Französische Adelige, deutsche Gelehrte, Staatsmänner, Verwaltungsbeamte, katholische Dichter und Mystikerinnen, Militärs, Diplomaten und preußische Prinzen, gediegene Schweizer, Volkswirte, Vertreter des Klassizismus und der romantischen Schule, Calvinisten, Atheisten und Konvertierte. Neben Benjamin Constant, August Wilhelm von Schlegel, Prosper de Barante und Simonde de Sismondi kamen auch Gelegenheitsgäste wie Friedrich von Schlegel, Madame Récamier, Francois René de Chateaubriand, Adalbert Chamisso und der Schriftsteller Zacharias Werner. Des Weiteren fanden sich Prinz August von Preußen, die Malerin Marie Louise Elisabeth Vigée-Lebrun, der Kulturhistoriker Karl Victor von Bonstetten, die jüdische Salonière Henriette Herz, Ludwig Tieck, Joseph de Maistre, der Geograf Karl Ritter und die Mystikerin Barbara

Juliane von Krüdener ein. Dänen wie Adam Oehlenschläger und Briten wie Lord Byron verbrachten ganze Wochen und Monate hier. Sie alle kamen in Coppet zusammen, wo Germaine sie mit ihrem Geist und ihrem Eros wie ein Orchester um sich versammelte und dirigierte. *„Ohne sie"*, schreibt Sabine Appel in ihrer Staël-Biografie, *„hätte das Sammelsurium wahrscheinlich keinen Tag harmoniert."* [80] All diese Denker, Gelehrten, Künstler und Schriftsteller verliehen dem feudalen Anwesen eine Aura, vergleichbar mit einem Musenhof. Das geistig-amouröse Klima und die damit einhergehende frei schwebende Rivalität lösten einen intensiven schöpferischen Prozess aus, der Einzelne zu intellektuellen Höchstleistungen antrieb.

Auf Coppet entstanden zu dieser Zeit bedeutende Werke: Germaine schrieb emsig an ihrem Roman *Corinna* und ihrem umfangreichen und anspruchsvollen dreibändigen Opus *De l'Allemagne (Über Deutschland)*. Constant übertrug Schillers Wallenstein ins Französische und schrieb seinen Roman *Adolphe*. Außerdem arbeitete er an einem Buch über Religion, zu dem ihn der deutsche Idealismus inspirierte. Constant entwickelte darin die Idee, Gott nehme in dem Maße Gestalt an, wie der Mensch ihn entdecke. In einer anderen Schrift stellte er das napoleonische Kaiserreich in Frage und nahm mit seiner Vision von Europa als Konföderation von Staaten eine historische Entwicklung vorweg.[81] Sismondi arbeitete an seiner Schrift *La Littérature du Midi*, August Wilhelm Schlegel übersetzte Caldéron und Shakespeare, Werner Zacharias vollendete sein Theaterstück *Der vierundzwanzigste Februar*. Doch nicht nur das. Auch andere Gäste wurden von der produktiven Atmosphäre angeregt und fingen an zu schreiben. Die Zimmertüren standen meist den ganzen Tag offen, so dass die Gäste recht zwanglos, fast zufällig zusammentrafen, spontane Gesprächskreise bildeten und sich austauschten. Es wurden sogar Zettelchen und Briefe von Zimmer zu Zimmer weitergereicht.

Coppet bildete ein geistiges Zentrum zu einer Zeit, als ein Europa der politischen und kulturellen Einheit noch weit entfernt war. Es war ein Ort von exterritorialem Status, *„an dem sich im Schatten des Kaisers die künftigen Umrisse des intellektuellen Europas des 19. Jahrhunderts entwickelten"*.[82] Coppet, das war <u>der</u> Salon Europas. Dort kamen die Mitglieder der so genannten Gruppe Coppet immer wieder zusammen. Und wenn sie dann physisch anderswo waren, *„wirkte das Zuhause der Staël als loses Band zwischen ihnen"* [83]. An einem Werk Germaines war die Gruppe Coppet besonders beteiligt und stand ihr mit Fachwissen beiseite: *De l'Allemagne* konnte endlich fertig gestellt werden. Germaine hoffte auf eine große Resonanz und war recht zuversichtlich, dass die französische Zensur kein Veto einlegen würde. Doch kurz vor dem Druck im Jahr 1810 ließ Napoleon den fertigen Satz komplett vernichten. „Ich wünsche", schrieb er an seinen Polizeiminister, „von diesem elenden Frauenzimmer und ihrem Buch nichts mehr zu hören." Dass es dennoch seine Verbreitung fand, ist u. a. August Wilhelm Schlegel zu verdanken, der das ursprüngliche Manuskript retten und nach Wien bringen konnte.

Das Reisen sollte auch in den kommenden Jahren nolens volens Germaines Hauptbeschäftigung werden. Am 23. Mai 1812 floh sie nach Wien, von dort nach Brünn, nach Russland, über Kiew und Moskau nach St. Petersburg, nach Stockholm und kam im Mai 1813 endlich in London an – eine körperlich anstrengende, aber geistig fruchtbare Tour d'Horizon. Überall hatte sie Intellektuelle getroffen, mit Politikern parliert, Politik gegen Napoleon gemacht. In London traf sie den Verleger John Murray, der die Rechte an *De l'Allemagne* erwarb. Das Buch wurde ins Englische übersetzt und in drei Bänden veröffentlicht. Madame de Staël war am Ziel. Mit ihren Schriften und Gesprächen hatte sie Europa in Bewegung gebracht.

Auffallend ist, dass Madame de Staël mit ihrer Verbannung aus Paris und ihren Reisen nicht automatisch ihre Position als Salonière verloren hat. Einen Salon zu führen, Gespräche zu führen, das war für sie weniger mit einem konkreten Ort verbunden als vielmehr mit einer inneren Haltung. „Salon" fand dort statt, wo sie war und mit wem sie zusammen war. Der Salon als Gesellschaftsphänomen bewegte sich mit ihr. Dass sie auch im holprigen Reisewagen interessante Gespräche geführt haben muss, geht aus ihren und den Tagebucheintragungen anderer hervor. So haben Germaine, Schlegel und Constant in der Reisekutsche beispielsweise recht ausführlich über Schelling, Fichte, *Don Quijchote* und immer wieder über die Religion gesprochen und bildeten so eine Art *„fahrenden literarischen Salon"* [84]. Auf allen Zwischenstationen ihrer langen Reisen, sei es in Weimar, Berlin, Wien, St. Petersburg oder London, fand sie sich umgehend mit Gleichgesinnten zu Gesprächen zusammen. Dialoge führen, neugierig sein, sich unvoreingenommen austauschen mit Fremden, der Wunsch zu verstehen, das trieb Germaine zeitlebens an.

Nicht nur das persönliche Gespräch oder die Korrespondenz wählte sie als dialogisches Prinzip, als die ihr gemäße Ausdrucksform, sondern auch das Literarische. Ihre große Zeit als Schriftstellerin begann um 1800. Sie nahm eine intellektuelle

Stellung ein, die mit der Voltaires fünfzig Jahre zuvor vergleichbar ist. In der Zeit, in der Napoleon ganz Europa mit der Macht des Militärs bezwingen wollte, setzte sie auf die Macht des Geistes. Im achtzehnten Jahrhundert, erklärte sie, habe die Literatur aufgehört, *„bloße Kunst zu sein; sie wurde Mittel zum Zweck, eine Waffe im Dienst menschlichen Geistes"*.[85] Literatur hatte ihr zufolge die Aufgabe, sich in den Dienst der menschlichen Vervollkommnung zu stellen, die *„ihren eingeborenen Sinn für die Tugend durch die Pflege von Vernunft und Gefühl, von Begeisterung und großherzigen Leidenschaften zu entwickeln"*.[86]

Bemerkenswert ist die Fähigkeit Madame de Staëls, sich in verschiedenen literarischen Genres gleichzeitig zu bewegen. Ihre Leidenschaft für den Salon und ihre Begabung als Salonière durchdringen den Stoff. In ihrem Roman *Corinna oder Italien* überlässt sie dem Salongespräch eine funktionale Rolle. Seine internationale Besetzung behandelt nicht nur literarische, sondern auch ästhetische und moralische Fragen. Die Teilnehmer nehmen dabei gegensätzliche Positionen ein. Konkret handelt dieses römische Salongespräch vom Gegensatz *„zwischen einer in ihren Regeln und Mustern erstarrten Literatur, die sich auf Nachahmung gründet, und einer schöpferischen, in der die jeweilige Individualität zum Ausdruck kommt"*, wobei Corinna die Aufgabe hat, zu moderieren und eine *„konstruktive Spannung"* zu halten.[87]

De l'Allemagne (1813) lässt sich inhaltlich und zeitlich einordnen zwischen Voltaires *Briefen über die englische Nation (1728)* und Tocquevilles Schrift *Über die Demokratie in Amerika (1835)*. Madame de Staël entwirft darin die Idee einer europäischen Bildungsgemeinschaft, die sich gegenseitig anregt, und will damit in erster Linie den Franzosen deutsche Kultur näher bringen. Den Deutschen empfiehlt sie, sich stärker im geselligen Umgang und in der Kunst des Gesprächs zu üben. Auf diese Weise könne noch mehr an deren Stilbewusstsein gefeilt werden. Den Franzosen legt sie nahe, sich der auf bloßen Effekt angelegten Verhaltensweisen in der Gesellschaft bewusst zu werden und fordert sie auf, *„sich durch das Vorbild der deutschen Kultur zu einer stärkeren Ausrichtung an ‚inneren', moralischen Werten inspirieren zu lassen"*.[88]

Besonders eindrücklich sind ihre satirisch anmutenden Beschreibungen deutscher und französischer Konversationsstile. *„Eine leichte Unterhaltung, worin eigentlich von nichts die Rede ist und alles auf den Reiz der Worte und Wendungen ankommt"*, schreibt sie, *„kann großes Vergnügen gewähren; und man darf es ohne Anmaßung behaupten: allein die Franzosen* *sind zu dieser Übung fähig, worin jeder kleine Gegenstand, sozusagen, zum Federball wird, den man einander zuwirft und der rechtzeitig aus einer Hand in die andere fliegen muss.“* [89] Also ganz anders als bei den Deutschen, die möglichst ohne Umschweife auf den Punkt kommen wollen und nicht viel herumreden. *„Ein Franzose hat selbst dann noch was zu sagen“*, fährt sie fort, *„wenn er keine Ideen hat; ein Deutscher hat davon noch immer mehr, als er auszudrücken versteht. Mit einem Franzosen belustigt man sich auch dann noch, wenn er arm an Geist ist; er erzählt alles, was er getan, alles, was er gesehen hat, wie gut er von sich selbst denkt, wie andere ihn gelobt haben, welche großen Herren er kennt, welche Erfolge er noch erwartet. Der Deutsche hingegen hat nichts zu sagen, wenn er nichts denkt, und verwickelt sich leicht in Formen, die, seinen Wünschen nach, zwar artig sein sollen, aber sowohl anderen als ihm selbst beschwerlich fallen. In Frankreich ist die Dummheit belebt, aber hochfahrend; sobald man nur die mindeste Aufmerksamkeit von ihr fordert, prahlt sie mit dem Mangel an Fassungsvermögen, und glaubt dem, was sie nicht versteht, durch das Geständnis zu schaden, dass es dunkel sei; (...) In Deutschland hingegen sind die mittelmäßigen Menschen voll guten Willens; es kostet sie keine Schamröte, sich nicht zu dem Gedanken eines berühmten Schriftstellers erheben zu können, und weit entfernt, sich als Richter zu betrachten, wollen sie nur Schüler werden.“* [90]

Im Jahre 1814, nach dem Sturz Napoleons, sah Germaine endlich ihr geliebtes Paris wieder. Im Haus der ehemaligen Napoleon-Gegnerin trafen sich nun Vertreter der Siegermächte, allen voran Engländer und Deutsche. Es waren in erster Linie diplomatisch-kosmopolitisch ausgerichtete Treffen, die weniger dem Vergnügen dienten als vielmehr den politischen Verbindungen und Planungen.

Madame de Staël steht am Ende einer langen Entwicklung vom mondän-höfischen über den literarisch-philosophischen bis hin zum politischen Salon. An die passiv-zurückhaltende Rolle ihrer Vorgängerinnen, den berühmten Salonièren des 18. Jahrhunderts, knüpft sie nicht mehr an. Sie erlebt den Untergang des Ancien Régime, die Französische Revolution und die Ära Napoleons. Und auch in ihrer Person vereinigt sie Gegensätzliches, etwa die Widersprüche zwischen ihren aristokratischen Ambitionen und ihren republikanischen Prinzipien und den Rationalismus der Aufklärung sowie die Empfindsamkeit der Romantik. Sie ist literarisch und politisch aktiv, eine Kosmopolitin, nicht nur im Geist sondern auch ganz direkt und physisch. Keine Salonière zuvor hat nur annähernd so viel von der Welt gesehen, ist so viel gereist wie sie. Germaine de Staël ist eine Frau, die hinsichtlich Bildung, Sprache und Kulturtransfer Beachtliches geleistet hat. Am 14. Juli 1817 – es ist der Jahrestag des Sturms auf die Bastille – starb die vermutlich erste moderne Frau Europas mit nur 51 Jahren in Paris.

---

1 Heyden-Rynsch, 33f.
2 Rattner u. a., 296f.
3 Seibert, 34.
4 Ebd., 35.
5 Rattner u. a., 297.
6 Gleichen-Russwurm, 77.
7 Heyden-Rynsch, 37.
8 Latour, 65.
9 Ebd., 59.
10 Ebd., 65.
11 Albrecht, Clemens, in: Simanowski u. a., 77.
12 Latour, 67.
13 Albrecht, Clemens, in: Simanowski u.a., 76.
14 Ph. Tamizey de Larroque: *Lettres de Jean Chapelain de l'Académie française*, Imprimerie nationale, Paris 1880-1883, Brief CLI, Band I, S. 215-216 (modernisierte Rechtschreibung).
15 Seibert, 302.
16 Simanowski, 30.
17 Seibert, 42.
18 Falke, 29.
19 Marquis de Maulévrier: *La Carte du Royaume des Précieuses*, geschrieben 1654, veröffentlicht in: Charles de Sercy: *Recueil des pièces en prose les plus agréables de ce temps*, Paris 1658. Französisches Zitat nach: www.miscellanees.com, [20.05.2007].
20 Heyden-Rynsch, 40.
21 Latour, 73.
22 Gleichen-Russwurm, 76.
23 Tornius, 198f.
24 Latour, 79f.
25 Habermas, 91.
26 Ebd., 89.
27 Ebd., 88.
28 Ebd., 96.
29 Latour, 85.
30 Hauser, 6.
31 Seibert, 58.
32 Latour, 60.
33 Heyden-Rynsch, 62.
34 Latour, 88.
35 Seibert, 64f.
36 Ebd., 65.
37 Heyden-Rynsch, 66.
38 Seibert, 66.
39 Veit, 510.
40 Rattner u. a., 299.
41 Seibert, 67.
42 Gleichen-Russwurm, 357.
43 Kaltenthaler, 22.
44 Gleichen-Russwurm, 260.
45 Latour, 85.
46 Ebd., 94.
47 Heyden-Rynsch, 74.

48 Ebd., 74f.
49 Grimm: Paris, 302, zitiert in: Seibert, 71.
50 Rosenkranz, 491, zitiert in: Seibert, 71.
51 Andronikaschwili, in: Simanowski, 102.
52 Latour, 98.
53 Seibert, 71.
54 Ebd., 62.
55 Sturz, 132 – 135.
56 Grimm, 386.
57 Seibert, 73.
58 Rattner u. a., 300; Seibert, 73.
59 Seibert, 69.
60 Himburg-Krawehl, 40.
61 Strachey, 46f.
62 Ebd., 46.
63 Übersetzt aus: Daniel Stern: *Me souvenirs 1806 – 1833*, Paris 1877, 347f, zitiert in: Kaltenthaler, 17.
64 Seibert, 77.
65 Heyden-Rynsch, 85.
66 Strachey, 55.
67 Bernhardt, 18; Dollinger, in: Simanowski, 58.
68 Heyden-Rynsch, 88; Rattner u. a., 213 – 224.
69 Seibert, 81.
70 Habermas, 115.
71 Ebd., 86.
72 Heyden-Rynsch, 114.
73 Bleibtreu, 8.
74 Ebd., 6.
75 Appel, 30.
76 Herold, 77.
77 Ebd., 77.
78 Ebd., 77.
79 Ebd., 77f.
80 Appel, 232.
81 Espagne, 235.
82 Ebd., 235.
83 Ebd., 235.
84 Krapoth, 264.
85 Herold, 195f.
86 Ebd., 196.
87 Rosen, 252f.
88 Ebd., 255.
89 Staël (1985, 1813), 66.
90 Ebd., 71f.

3.2 Deutschland

Wenn auch Frankreich zunächst politisch entkräftet war, so besaß es doch weiterhin eine Macht ganz anderer Art. Nicht eine konkrete Staatsmacht gab den Ton an, sondern die abstrakten Ideen der Intellektuellen. Paris war die Hauptstadt des geistigen Europas. Viele Ausländer hatten bei den Salonièren ihre Aufwartung gemacht; sie waren dort mit französischen Geistesgrößen ins Gespräch gekommen und hatten ihre Schriften studiert. Das Gedankengut der Aufklärer nahmen sie mit in ihre Heimatländer und versuchten, es zu verbreiten. Die gesellschaftlichen Rahmenbedingungen dafür waren von Land zu Land unterschiedlich, und Salons wie in Frankreich gab es noch nicht.

In England zogen Clubs, Freimaurerlogen und literarische Cafés einen Großteil der geselligen Aufmerksamkeit auf sich und verzögerten bzw. behinderten das Entstehen literarischer Salons. Berühmt wurden lediglich die Londoner Salons von Elizabeth Montagu (1720 – 1800) und Elizabeth Vesey (1715 – 1791). In Italien, mit seinen Musenhöfen in der Renaissance selbst die Wiege der Salons, konnte sich zu dieser Zeit kaum eine Salonkultur etablieren. Auch hier überwog das literarische Café, während die wenigen bekannten Salons von Ausländerinnen, z. B. von der deutschen Gräfin Luise von Albany (1752 – 1824) in Florenz oder der deutschen Malerin Angelika Kaufmann (1741 – 1807) in Rom, geführt wurden. In Spanien dominierte das im Orient beheimatete Café, in dem sich die Intellektuellen versammelten. Auch die Prager bevorzugten das Café. Im 19. Jahrhundert erblühte dort sogar eine regelrechte Kaffeehauskultur. Die Persönlichkeiten des böhmischen Kulturlebens trafen sich in Lesecafés, vor allem im *Union*, wo man kostenlos die internationale Tagespresse studieren konnte. Die im Westeuropa des 18. Jahrhunderts bereits etablierten Geselligkeitsformen entstanden in Russland nur zögernd. Der Grund dafür lag in der Rückständigkeit des russischen Reiches. Schließlich legte Zar Peter I. erst 1706 den Grundstein für eine moderne Stadt: St. Petersburg. Rund hundert Jahre später entfaltete sich die nun bedeutende russische Metropole zur kulturellen Blüte. Die russischen Salons zogen internationale Gäste an, von denen viele auf Dauer geblieben sind. Im Jahr 1818 war jeder neunte Bewohner von St. Petersburg ein Ausländer. Mit dem Gedankengut der Aufklärung waren die Russen schon vorher, im 18. Jahrhundert, in Berührung gekommen. Dreitausend Exemplare von Voltaires *Geschichtsphilosophie* kamen damals in den russischen Handel und waren binnen einer Woche verkauft. Russland stand mit Frankreich in engem kulturellen Austausch. Nicht nur Katharina II. korrespondierte mit Pariser Intellektuellen, sondern auch die „kleine Katharine“, wie eine ihrer Hofdamen, Prinzessin Daschkow (1743 – 1810), genannt wurde.

Diese unternahm mehrere Europareisen, auf denen sie die Bekanntschaft mit Pariser Salonièren, mit Denis Diderot, Friedrich dem Großen sowie dem Kaiser Joseph von Österreich machte. Ihre Eindrücke schrieb Prinzessin Daschkow auf Französisch in ihren Memoiren nieder. Zudem übertrug ihr die Zarin die Gründung der *Russischen Akademie der Wissenschaften* nach Vorbild der *Académie Française*. Prinzessin Daschkow galt als *„wandelnde Kulturgeschichte"* und *„mutige Vermittlerin alles geistig Neuen"*, der spätere russische Salonièren entscheidende Impulse verdankten.[1] Drei von ihnen erreichten einen Bekanntheitsgrad über die russischen Grenzen hinaus: Jekaterina Karamsina (1780 – 1851), Jewgenja Rostopochina (1811 – 1895) sowie Sinaida Wolkonskaja (1792 – 1862).

17. und 18. Jahrhundert

Frankreichs Salons haben so erheblich zum europäischen Kulturtransfer beigetragen, dass sich Frauen im deutschsprachigen Raum, mehr als in anderen Ländern, an den Vorbildern der Salonkultur orientiert haben. Während in Frankreich die freigeistigen Salons erblühten, verstrickten sich die Mächtigen im deutschen Nachbarland in religiöse Auseinandersetzungen. Und als die Angelsachsen Nordamerika besiedelten und andere europäische Länder, wie Spanien, Portugal und die Niederlande, ihre Kolonien ausbauten, verausgabten sich die politischen Kräfte der Deutschen im Dreißigjährigen Krieg (1618 – 1648). Eine Folge der Reformation war, dass sich „Deutschland", genauer seine rund dreihundert einzelnen Landesteile, in zwei konfessionelle Lager, in Katholiken und Protestanten, teilte. Was als Frage des Glaubens begann, endete im Kampf um Macht. *„Der Dreißigjährige Krieg"*, so das Urteil Karl Marx' und Friedrich Engels im 19. Jahrhundert, *„hatte zur Folge, dass Deutschland für 200 Jahre aus der Reihe der politisch tätigen Nationen Europas gestrichen wurde"*[2].

Das Jahrzehnte währende politische Chaos löste eine umso stärkere Sehnsucht nach Ordnung und einem geeinten Deutschland aus. Den Stoff dieses *„einigenden Bandes"*[3] webte keineswegs diplomatisches Geschick, es war vielmehr die deutsche Sprache, das Bildungsgut per se. Ermöglicht hatte das Martin Luther, der Anfang des 16. Jahrhundert die Bibel ins Deutsche übersetzt hatte. Bis dahin hatte das Lateinische als Verkehrssprache der Wissenschaft und das Französische als Sprache bei Hofe weithin den offiziellen Ton angegeben. Der Großteil der Bevölkerung war dieser Sprachen nicht mächtig und konnte sich daher weder wissenschaftliche noch religiöse Texte selbst erschließen. Nun öffnete sich für sie ein Tor zu geistiger Nahrung, vermittelt in ihrer Muttersprache. Luther, so stellte Thomas Mann rückblickend fest, hatte mit seiner Übersetzung *„die deutsche Sprache erst recht geschaffen"*.[4] Den unzähligen Dialekten hielt er ein Deutsch entgegen, das klar, in gewisser Weise poetisch und volksnah war. Um vielen Menschen zu ermöglichen, selbst die Heilige Schrift zu lesen, gründeten die Protestanten Schulen und Universitäten. Es kam zu einem regelrechten Bildungsschub.[5]

Was den protestantisch geprägten deutschsprachigen Raum von Frankreich unterschied, war die jeweilige Rezeption der Aufklärungsphilosophie. In Frankreich basierte sie auf der *„Verdrängung des Himmlischen durch das Irdische"* mit allen daraus erwachsenden Fragen und Konflikten, in Deutschland hingegen auf dem *„Versuch der Synthese des Transzendenten und Weltimmanenten"*.[6] Um diese Synthese von Transzendenz und Weltimmanenz zu erreichen, versuchte man, sich die Heilige Schrift nicht nur über den Glauben zu erschließen, sondern sie auch rational zu verstehen und auszulegen. So unterschied sich die deutsche Wortkultur generell stark von der französischen Sprache. Sie galt nach Sdvižkov als *„materialisierter Geist"*. Damit war die Voranstellung der Sprache in der deutschen Geisteswissenschaft klar definiert: *„Philologie als Bildungswissenschaft par excellence"*; das geschriebene Wort und damit Bücher in deutscher Sprache gewannen an Bedeutung.[7]

Die Gesellschaftsstruktur des frühen 17. und 18. Jahrhunderts war von Ständen geprägt. In den Reichsstädten trafen sich Menschen gleichen Standes in Zunft- und Gesellschaftshäusern oder in Trinkstuben. Frauen waren zu diesen Geselligkeiten nicht zugelassen. Fremde in privaten Wohnhäusern zu empfangen, war nicht üblich. Man lud sie stattdessen in ein Wirtshaus ein. Mit Menschen außerhalb des eigenen Standes Kontakt aufzunehmen und zu pflegen, war aufgrund der sozialen Schranken schwierig. Die eigene Geschichte konnte diesbezüglich kaum mit Vorbildern aufwarten. Deshalb orientierte man sich an der Literatur aus dem Ausland. Übersetzungen, etwa von Baldassare Castigliones *El Cortegiano*, dienten als Vorlage für Bücher, die auf *„eine ‚formale' Verbesserung des Umgangs (...) zielten"* – freilich ohne den erhofften Erfolg: *„Das anhaltende Defizit bzw. sogar ein Verlust an tendenziell ständeübergreifender geselliger Kultur bleib ein retardierendes Element in der Mentalitätsgeschichte der deutschen Intelligenz."* [8] Adolph Freiherr Knigge veranlasste dies in seinem Werk *Vom Umgang mit Menschen* zu folgendem Ausspruch: *„In keinem Lande in Europa ist es vielleicht so schwer, im Umgang mit Menschen aus allen Classen, Gegenden und Ständen allgemein Beifall einzuernten, in jedem dieser Cirkel* *wie zu Hause zu sein, ohne Zwang, ohne Falschheit, ohne sich verdächtig zu machen und ohne selbst dabei zu leiden, auf den Fürsten wie auf den Edelmann und Bürger, auf den Kaufmann wie auf den Geistlichen nach Gefallen zu wirken, als in unserem deutschen Vaterlande; denn nirgends herrscht zu gleicher Zeit eine so große Mannichfaltigkeit des Conversationstons, der Erziehungsart, der Religions- und anderer Meinungen, eine so große Verschiedenheit der Gegenstände, welche die Aufmerksamkeit der einzelnen Volksklassen in den einzelnen Provinzen beschäftigen. (...) Wo hat mehr als in Deutschland die Idee von sechzehn Ahnen des Adels wesentlichen moralischen und politischen Einfluss auf Denkungsart und Bildung? Wo greift weniger allgemein, als bei uns, die Kaufmannschaft in die übrigen Classen ein?"*[9]

Die Deutschen lasen zwar viel, aber im Gespräch wie auch in Fragen der Frauenbildung gaben sie sich zurückhaltend. Einen Vorstoß wagte Georg Philipp Harsdörffer in seiner Schrift *Frauenzimmer Gesprächspiele* aus den Jahren 1645 – 1647. Er beabsichtigte mit ihr, eine *"Anleitung geben (zu) wollen und den Weg (zu) weisen/wie bey Ehr- und Tugendliebenden Gesellschaften freund- und fruchtbarliche Gespreche aufzubringen/und nach Beschaffenheit aus eines jeden Sinnreichen Vermögen fortzusetzen"*.[10] Harsdörffer führte die Gespräche in Dialogform vor; die Frau durfte darin nicht nur passiv teilnehmen, sie sollte die Geselligkeit auch mit ihren Wortbeiträgen inspirieren – ein Novum in der damaligen Denkwelt.[11]

Leipzig

Christiana Mariana von Ziegler (1695 – 1760)

Kamen Frauen aus wohlsituierten Elternhäusern, in denen großer Wert auf die Bildung ihrer Kinder gelegt wurde, oder gar aus Gelehrtenhaushalten, konnten sie sich glücklich schätzen. Fast siebzig Prozent der Bevölkerung konnten damals nur wenig oder gar nicht schreiben. Den Frauen blieben die Türen zu den Hörsälen der Universitäten fast ausnahmslos verschlossen. Sie erhöhten aber ihre Zutritts-Chancen, indem sie kontinuierlich ihr Wissen mehrten und die deutsche Sprache zu beherrschen lernten.

Christiana Mariana von Ziegler gehörte zu diesen gelehrten Frauen der Frühen Neuzeit. Ihre Eltern stammten aus der Leipziger Oberschicht, den wohlhabenden Kaufleuten und den Gelehrten. Ihr Vater Franz Konrad Romanus, ein promovierter Jurist, schlug die politische Laufbahn ein und wurde mit dreißig Jahren zum Bürgermeister der Stadt Leipzig gewählt. Der Erfolg währte nicht lange. Wenige Jahre später verhaftete man ihn unter dem Verdacht, öffentliche Gelder veruntreut zu haben, und ließ ihn bis zu seinem Tod im Alter von 75 Jahren im Gefängnis schmachten, ohne dass je ein Urteil über ihn gefällt wurde – ein Schicksal, welches das Leben der ganzen Familie geprägt hat. Christiana Mariana heiratete mit sechzehn Jahren und war mit siebenundzwanzig schon zweifache Witwe. Auch ihre beiden Töchter hatte sie verloren. Die Zeit bis zu ihrer dritten Ehe, welche sie erst zwanzig Jahre später nach dem Tod ihrer Mutter schloss, nutzte sie gezielt zur Weiterbildung. Im Laufe der Zeit übernahm sie verschiedene Aufgaben: als Mäzenin, Dichterin, Gelehrte und Salonière. Nicht nur ihre hohe gesellschaftliche Position, auch ihre enorme Bildung und ihr Witwenstand erleichterten diesen Weg. Als erste und einzige Frau wurde sie 1730 auf Antrag des Gelehrten Johann Christoph Gottsched, mit dem sie eine jahrelange Arbeitsfreundschaft verband, Mitglied in der „Deutschen Gesellschaft". Damit stieg ihr Prestige enorm und legitimierte sie als Dichterin. Im Gegenzug hat sie Gottsched gefördert, indem sie ihn in wichtige Leipziger Kreise einführte.

Um 1723 hatte Christiana Mariana von Ziegler ihr Haus – das „Romanus-Haus" – bereits in eine Begegnungsstätte zwischen Bürgern, Gelehrten und Künstlern verwandelt. Neben Gottsched verkehrte hier auch Johann Sebastian Bach (1685 – 1750). Als Vorbild diente dieser Frau, die seit ihrer Kindheit fließend Französisch sprach, zwar die Tradition der Französinnen, sie ging aber noch einen Schritt weiter. Den Salon verstand sie nicht nur als *„gelehrte Geselligkeit"*, sondern auch als *„Sitten- und Tugendschule für die junge Generation"*.[12] Sie wollte der Jugend die Chance bieten, sich im Umgang mit Menschen verschiedenen Standes und Geschlechts zu üben und ihr zu einer gewissen Sicherheit im Auftreten verhelfen. Die Zieglerin, wie sie damals kurz und respektvoll genannt wurde, setzte sich immer für die Gleichwertigkeit der Geschlechter und den Anspruch der Frauen auf Bildung ein. Den Höhepunkt ihrer Karriere erlebte sie 1733, als sie von der Universität Wittenberg zur *poeta laureata* gekrönt wurde. Keine andere deutsche Dichterin erfuhr eine vergleichbare Anerkennung. Als Dichterin ermutigte sie andere Frauen zum Schreiben, als Salonière lehrte sie die Kunst des Gesprächs sowie Tugend und Anstand als Beitrag zur menschlichen Gemeinschaft.

Luise Adelgunde Victorie Gottsched (1713 – 1762)

Als der Leipziger Schriftsteller und Professor Johann Christoph Gottsched (1700 – 1766), auf die Arzttochter Luise Adelgunde Victorie Kulmus aufmerksam wurde, war er überrascht und zutiefst beeindruckt. Er hatte es nicht nur mit einer sehr intelligenten und gebildeten jungen Frau zu tun, sondern mit einer poetischen Hochbegabung. Nach ihrer Heirat im Jahr 1735 stand die kluge Frau ihrem Mann auch in beruflichen Dingen zur Seite. Die Gottschedin, wie sie kurz genannt wurde, übersetzte für ihn, übernahm Rezensionen, fungierte als seine Sekretärin und Assistentin und spielte eine wesentliche Rolle im Zuge der Theaterreform.

Luise Gottsched. Die fleißige Gelehrte. Quelle: CC-BY-SA

Im literarischen Kreis um die Gottschedin sieht Petra Wilhelmy-Dollinger Ansätze zu einem bürgerlichen Salon.[13] Andere Forscher wie Peter Seibert zählen ihn zusammen mit dem von Christiana Mariana von Ziegler sogar zu den *„frühesten Literarischen Salons in Deutschland“* [14]. Im Fall der Gottschedin handelte es sich in jedem Fall um eine gesellige Formation, welche die Gelehrten-Organisationen ihres Mannes ergänzte.

Leipzig galt in der damaligen Zeit als bedeutendes Zentrum des Buchhandels und Zeitungswesens, moderner ausgedrückt als „Medienstadt“. Johann Christoph Gottsched war nicht nur Hochschulprofessor, sondern auch Mitglied in der „Teutschübenden poetischen Gesellschaft“, die er 1727 als Vorsitzender in die „Deutsche Gesellschaft“ umwandelte. Damit führte er die Tradition einer gebildeten Minderheit fort, welche bereits in der ersten Hälfte des 17. Jahrhunderts begonnen hatte, sich in Sprachgesellschaften nach italienischem Vorbild zu organisieren. Sie setzten sich zum Ziel, die deutsche Sprache und ihre Grammatik zu regulieren und zu vereinheitlichen.

Gottsched sah in der Deutschen Gesellschaft ein Forum für seine Reformbemühungen: *„Man soll sich allezeit der Reinigkeit und Richtigkeit der Sprache befleissigen; das ist, nicht nur alle ausländischen Wörter, sondern auch alle Deutsche unrichtige Ausrückungen und Provinzial-Redensarten vermeiden; so daß man weder Schlesisch noch Meißnisch, weder Fränkisch noch Niedersächsisch, sondern rein Hochdeutsch* *schreibe; so wie man es in ganz Deutschland verstehen kan."* (Satzung der Deutschen Gesellschaft in Leipzig nach der Umgründung 1727).[15] *„Die Sprache"*, so der Historiker Wolfgang Hardtwig, sei für die Mitglieder dieser Gesellschaften *„zugleich Herrschaftsinstrument, Gesittungs- und Disziplinierungsmittel, Klammer der Integration und Ausdruck und Konzentrat eines neuen emphatischen Verständnisses von Kultur"*.[16]

Die Forderungen der Aufklärung nach gesellschaftlicher Gleichberechtigung der Frau und Frauenbildung gingen eng einher mit dem Aufstieg der bürgerlichen Gesellschaft. Der *„aufklärerische Frauenförderer"* [17] Gottsched träumte von einer „gelehrten Frau" an der Seite eines „gelehrten Mannes", von einer versierten Gesprächspartnerin. Gottsched gab die erste Zeitschrift für Frauen mit dem Titel *Vernünftige Tadlerinnen* heraus. Er wandte sich nicht nur an ein potentiell weibliches Publikum, er förderte auch die Vorstellung von Frauen als literaturkritischer Kraft, in dem er behauptete, das *„Periodikum [Discourse der Mahlern (1721 – 1723)] sei von drei Frauen geschrieben und redigiert"*.[18] In der Tat lieferten seine Frau wie auch Christiana Mariana von Ziegler viele Beiträge dazu. Im Hause Gottsched verwirklichte sich zwischen den beiden gelehrten Menschen ein Stück Gleichberechtigung, allerdings nur auf geistiger Ebene. Denn während Luise Gottsched eine Partnerschaft mit wechselseitiger Unterstützung vor Augen hatte, gab ihr Mann den Anspruch auf männliche Überlegenheit bei der häuslichen Lebensführung nicht auf.

Die Gottschedin ließ es sich aber nicht nehmen, sich auch als Schriftstellerin, Dichterin und Journalistin zu betätigen und gründete mit ihren Lustspielen eine eigene Gattung, die sächsische Komödie. Der österreichischen Kaiserin Maria Theresia zufolge galt sie als die *„gelehrteste Frau Deutschlands"* und Voltaire bedauerte, sie während seines kurzen Aufenthalts in Leipzig nicht angetroffen zu haben, weshalb er die Stadt unbedingt ein weiteres Mal besuchen müsse.[19] Angesichts ihrer vielen Publikationen, zu denen auch Satiren gehörten, ließ sie sich zum Scherz über sich selbst hinreißen: *„Man wird mich einst mit der Feder in der Hand begraben, damit sie, wie Addison von den Zungen der Französinnen sagt, auch im Grab nicht ruhe."* [20] Die Gottschedin war eine Frau, die parallel zu ihrer literarischen Tätigkeit ein äußerst geselliges Haus führte und sich für ein verbessertes Sprachbewusstsein in Deutschland einsetzte. Insofern hat sie ihren Beitrag zur Geschichte der Salonkultur in jedem Fall geleistet.[21]

18. und 19. Jahrhundert

Zu dieser Zeit, in der zweiten Hälfte des 18. Jahrhunderts, begann die *„Großepoche der deutschen Sprachgeschichte“* [22] mit ihrer umfassenden Brief- und Tagebuchkultur sowie dem geselligen Gespräch. Was Deutschland von Frankreich in Bezug auf die Sprache unterschied, war die hohe Wertschätzung des Lesens. Um 1720 waren erste Lesegesellschaften als frühe Formen der Erwachsenenbildung entstanden. Privatleute hatten sie ins Leben gerufen, zum einen, weil Bücher relativ teuer und nicht ohne weiteres zugänglich waren, zum anderen, um sich einander vorzulesen und eigene Gedanken zum Lesestoff auszutauschen. Die so genannten Lesevereine übernahmen von der Mitte des 18. Jahrhunderts bis Mitte des 19. Jahrhunderts eine wichtige Funktion: Das gebildete Bürgertum versammelte sich zunächst in halböffentlichen Lesezirkeln, dann in öffentlichen Lesestuben und später in Bibliotheken. Deutschland avancierte im Laufe von etwa hundert Jahren zur „lesenden Nation“. Da es im Gegensatz zu Frankreich kein geographisch-politisches Zentrum gab, wurde *„dieser Mangel an staatlicher, konfessioneller, sprachlicher Einheit“* durch eine *„organisierte lesende Öffentlichkeit ersetzt“*.[23]

Ab Mitte des 18. Jahrhunderts entwickelte sich neben der Aufklärung ein neues Bildungskonzept: der Neuhumanismus. Er wurde zum *„Verankerungspunkt der kulturellen und sozialen Identität der deutschen Intelligenz“* [24]. Mehrere Strömungen speisten ihn: Eine neue Sicht auf das Altertum durch Altphilologie und Archäologie, die deutsche Klassik, welche sich ebenfalls auf die Antike, insbesondere auf ihre Philosophie, bezog, und schließlich das Bürgertum selbst, welches seine Chance zum gesellschaftlichen Aufstieg vor allem über den Weg der klassischen Bildung erkannte. Als erster wird heute Wilhelm von Humboldt mit dem Neuhumanismus in Verbindung gebracht: Dieser wiederum hat sich maßgeblich vom deutschen Idealismus und von Goethe beeinflussen lassen. Herder, Schiller, Humboldt – diese Namen stehen für den neuhumanistischen Ansatz. Bildung meinte hier Ausformung einer reifenden Persönlichkeit aus sich selbst heraus, angeregt von (klassischem) Wissen. Der Mensch steht im Mittelpunkt: Sein Wesen, seine Neigungen, seine Gedanken. Dieses freiheitliche Bildungsideal prägte das 18. und 19. Jahrhundert.

Während die Deutschen Werke von Goethe oder Schiller lasen oder sich mit der Aufklärungsliteratur ihrer Nachbarn befassten, stürzten sich die Franzosen in die Revolution. Wenige Jahre später versetzte ein kleiner Mann mit großen Plänen nicht nur Frankreich, sondern ganz Europa mit seinen

Feldzügen in große Unruhe. Napoleon machte Gebrauch von seiner Macht. Die Instabilität im Außen nährte wiederum die Sehnsucht im Innern nach einer geordneten, harmonischen und poetischen Welt. Literarische Strömungen wie Sturm und Drang, die Deutsche Klassik sowie die Romantik entstanden, teils nacheinander, teils sich zeitlich überlappend.

Wissensdurst, neuhumanistisches Bildungsideal, ein sich erweiterndes Bewusstsein für die deutsche Sprache sowie das Experimentieren mit neuen Formen der Geselligkeit sollten das Selbstverständnis der nun aufblühenden Salonkultur prägen. Das Leitbild der gelehrten Frau, welches die Gottschedin verkörpert hatte, wich zwei Generationen später einem anderen. Es waren zwar weiterhin Bildung und Wissen, welche den Frauen ihren Weg in die Gesellschaft ebneten, hinzu kamen jedoch die aus der Romantik geborenen „Rechte des Herzens".

Weimar

Eine kleine, politisch unbedeutende Residenzstadt war am Übergang vom 18. ins 19. Jahrhundert zu einem Zentrum der deutschen, ja sogar der europäischen Kultur entwickelt worden: Weimar. Wieland, Goethe, Herder, Schiller – diese Namen sind mit Weimar verbunden und übten eine große Anziehungskraft aus. Dass diese kleine Stadt an der Ilm zum kulturellen Leitstern avancieren konnte, ist dem Wirken einer vergleichsweise kleinen Zahl von Personen zu verdanken.

Anna Amalia (1739 – 1807)

Auch wenn Anna Amalias „Musenhof", wie er im Nachhinein bezeichnet wurde, wegen Beibehaltung seiner höfischen Elemente nicht im engeren Sinn zu den Salons gezählt werden kann, so hatte er doch eine enorme kulturhistorische Bedeutung. Deshalb soll er an dieser Stelle nicht unerwähnt bleiben. Die Herzogin Anna Amalia (1739-1807) schuf nämlich die Voraussetzungen für ein so günstiges Zusammenwirken von Literatur und Kunst, Gelehrsamkeit und Geselligkeit, dass daraus die „deutsche Klassik" hervorging.

Anna Amalia war eine Nichte Friedrichs des Großen und Tochter des Herzogs Karl I. (1713 – 1780) von Braunschweig. Als Prinzessin erfuhr sie eine sehr umfangreiche Ausbildung. Sie hegte nicht nur für die zeitgenössische Literatur eine große Leidenschaft, sondern auch für Kunst, Musik und Theater. Mit sechzehn Jahren wurde sie mit Herzog Ernst August II. Constantin von Sachsen – Weimar – Eisenach, vermählt. Nachdem sie zwei Söhne geboren hatte, verwitwete sie bereits mit achtzehn Jahren und übernahm im Jahr 1759 die Regierungsgeschäfte für ihren Sohn Carl August, zu dieser Zeit noch ein Säugling. Christoph Martin Wieland, einer der bekanntesten Schriftsteller jener Zeit, sollte den kleinen Carl August erziehen, womit auch Goethe ein Freund des jungen Herzogs wurde. Anna Amalia brachte Stadt und Land in kurzer Zeit zum Blühen und konnte 1775 die Regierung des Herzogtums schuldenfrei an ihren nun volljährigen Sohn übergeben. Sie selbst war gerade 36 Jahre alt und bereit, ihrem Leben eine neue Wendung zu geben. Von nun an widmete sie sich intensiver ihren geistigen Interessen.

Ein besonderes Faible hatte die Herzogin für Italien. Wie zuvor die Renaissance-Fürstinnen öffnete auch sie ihren kleinen Hof und lud Gelehrte und Dichter zu sich, die nicht zum Kreis des Adels gehörten. Das war ein Affront gegenüber den Konventionen ihres Standes. Entscheidender als Adel war für sie bei diesen salonähnlichen Treffen, dass man sich für Kultur und Bildung interessierte und ein Verständnis davon hatte, sodass, in Folge davon fast nur Bürgerliche zugegen waren: *„Man ist lustig, aber auch stets bemüht etwas zu lernen voneinander und füreinander, alle Künste müssen herhalten, den Tag zu schmücken, nicht wie an anderen Höfen durch erdrückende Pracht, nur besoldet und gekauft, sondern dadurch, dass jeder leistet, was er irgend kann ohne Hochmut, ohne Dünkel, in feinem künstlerischen Sinn das Leben zum Spiel, das Spiel zum Leben macht.“* [25] Bildung, die Freude am gemeinsamen Lernen und die geistige Weiterentwicklung bedeuteten ihr mehr als höfisches Zeremoniell.

Nach und nach vollzog sich der Aufstieg Weimars an die Spitze des deutschen Geisteslebens. Bei den Tafelrunden Anna Amalias traf man auf Wieland, Goethe und Herder, das geistige Dreigestirn im damaligen Weimar. *„Zur Mittwochstafel der Herzogin“*, erinnerte sich ihr damaliger Kammerdiener Karl Wilhelm Heinrich, *„gerieten Goethe, Wieland und Herder regelmäßig in lebhaften Streit; von Knebel und Einsiedel nahmen dann Partei. So entstand ein zwar an sich interessantes, aber oft solch lautes Gespräch, dass die Herzogin, Mäßigung gebietend, zuweilen die Tafel früher aufheben musste“.*[26] Dass sich eine fruchtbringende Geselligkeit entfalten konnte, war also nicht selbstverständlich. Die schwierigen Charaktere der Geistesgrößen sowie Neid, Klatsch und Intrigen Außenstehender erschwerten das Zusammensein. Und doch hat es die junge Herzogin vermocht, die Menschen zu vereinen.[27]

Montags fanden Literaturabende statt. Alle, die zur geistigen Gefolgschaft der Herzogin-Mutter gehörten, stellten sich ein. Hinzu kamen auch andere: ausländische Schönheiten, durchreisende Dichter und Freunde Goethes. Neben Theaterstücken und Gesprächen gab es auch Dichterlesungen, musikalische Abende sowie Theateraufführungen mit Laien. Gerade dieser liebenswürdige Dilettantismus lockerte den Boden und förderte das Gedeihen der Menschen.

Anna Amalia. Die herzliche Herzogin. Quelle: CC-BY-SA

Nachdem Goethe nach Italien gereist war, verblasste der Glanz dieser Geselligkeit. An die Stelle der geistig bedeutenden, oft leidenschaftlich erregten Gespräche trat in Anna Amalias Salon das Kartenspiel. 1788 entschied sich die Herzogin, gegen den Willen ihrer Minister für eine Kunstreise (1788 – 1790) nach Italien. Es waren die intensiven Begegnungen und die tiefen Eindrücke vor Ort, welche den Wunsch in ihr stärkten, so viel wie möglich aus Italien auf die Heimat zu übertragen. Das Wittumspalais in Weimar entwickelte sich in der Folgezeit noch mehr zum Zentrum literarischen Austauschs. Goethe, Jean Paul, Schiller, Kotzebue und viele andere waren dort regelmäßig zu Leseabenden oder zu größeren Feierlichkeiten geladen – bis Anna Amalia 1807 starb.

Goethe hatte die Gemeinschaft mit Anna Amalia geschätzt, nicht aber den Weimarer Hof mit seinem Standesdünkel. Er wird Madame de Staël sicher beigepflichtet haben, die über ihre Erlebnisse damals schrieb: *„Die gute Gesellschaft in Deutschland ist der Hof, in Frankreich dagegen waren es alle die, die sich auf gleichen Fuß mit ihm stellen konnten. Darauf konnten alle hoffen. (...) In Deutschland führte ein Diplom in sie ein, in Frankreich schloß der Mangel an gutem Geschmack davon aus“* [28]. In der Tat war es so, dass Anna Amalias Sohn, der Herzog Carl August (1757 – 1828), sowie die Schwiegertochter Luise von Hessen-Darmstadt (1757 – 1830), wie unter Adeligen üblich, grundsätzliche Vorbehalte gegenüber Bürgerlichen hatten. Viele geistig hochstehende Menschen, für die Anna Amalia Sympathien gehegt hatte, lehnten die beiden ab, in erster Linie, weil sie nicht nobilitiert waren. Geburtsadel stand für sie über dem Geistesadel.

Öffentliche Foren wie Cafés gab es damals in Weimar noch nicht, genauso wenig wie in Berlin. Und während die französischen Salons von Anfang an aus dem nationalen Zentrum Paris heraus ihre geistige Tradition aufbauen und fortführen konnten, hatte Deutschland keine Hauptstadt, keinen geistigen Mittelpunkt. Die geistige Elite lebte an vielen Orten im zersplitterten deutschen Land. Schon 1795 hatte Goethe geklagt, nirgends in Deutschland sei ein *„Mittelpunkt gesellschaftlicher Lebensbildung"* zu finden, *„wo sich Schriftsteller zusammenfänden und nach* einer *Art, in* einem *Sinne, jeder in seinem Fache sich ausbilden könnten. Zerstreut geboren, höchst verschieden erzogen, meist nur sich selbst und den Eindrücken ganz verschiedener Verhältnisse überlassen"*.[29] Goethe sehnte sich offensichtlich trotz aller Begegnungen bei Hofe und bei sich zu Hause nach der freien, sich bildenden Geselligkeit auf neutralem Boden, nach einem Salon.

Johanna Schopenhauer (1766 – 1838)

Das Jahr 1806 sollte nicht nur ein Schicksalsjahr für Weimar werden, sondern auch für Johanna Schopenhauer, die Mutter des später berühmten Philosophen. Nach dem Tod ihres Mannes, eines hanseatischen Kaufmanns, begann für sie eine neue Lebensphase. Zielstrebig suchte sie nach einer Aufgabe, die ihren literarischen und künstlerischen Ambitionen entsprach.

Johanna Schopenhauer. Die mutige Wirtin.
Quelle: CC-BY-SA

Die Bürgerliche zog mit ihrer kleinen Tochter Adele alleine von Hamburg nach Weimar, just in dem Jahr, da Preußen sich mit Frankreich in kriegerische Auseinandersetzungen verstrickte. Die Truppen Napoleons plünderten Häuser in Weimar und besetzten die kleine Stadt. Französische Offiziere quartierten sich in Privathäusern ein. In dieser angespannten Situation beabsichtigte Johanna Schopenhauer, eine literarische Geselligkeit zu gründen. Zunächst gewährte sie hochrangigen Militärs bei sich Obdach und versorgte nach Kräften sowohl fremde Soldaten als auch bedürftige oder verwundete Weimarer. Damit erwarb sich die jüngst Zugezogene schnell die Sympathien beider Seiten und nahm in Folge eine Sonderstellung zwischen den Fronten ein. Ihre Räume dienten französischen Offizieren genauso wie Weimarer Hofbeamten als neutrales Terrain der Begegnung. Johanna Schopenhauer bat sich dabei aus, alles Politische auszuschließen und literarischen oder künstlerischen Themen den Vorrang zu geben. Ihre *„Einladungen zum Thee"*[30] hatten nicht nur einen karitativen, sondern auch einen pazifistischen Zug. *„Gerade nach diesen Tagen des Grauens – wie überaus angenehm, ja unschätzbar musste es seyn, in dem stillen Vereine sich auf einmal wie auf ein friedliches Eiland versetzt zu sehen, und hier wieder Freiheit und geistiges Leben zu athmen, während die ganze Stadt noch von Plünde-*

rungsgeschichten wiederhallte, die nur von der Unterhaltung dieses Kreises ausgeschlossen blieben!"[31]

Als „friedliches Eiland" wurde der Salon in seiner Anfangsphase wahrgenommen. Es war eine beachtliche integrative Leistung von Johanna Schopenhauer, eine Geselligkeit aus Repräsentanten zweier verfeindeter Nationen zu schaffen, die zumindest für diese Zeit friedlich, respektvoll und tolerant miteinander umgehen konnten. Wo Politisches die Menschen trennte, vermochte geistige Nahrung sie zu verbinden. Denn sehr viel mehr gab es bei ihr nicht: „Ich gebe Tee, nichts weiter; das übrige Vergnügen muß von der Gesellschaft selbst entstehen", schrieb sie in einem Brief vom 14. November 1806.

Anna Amalia selbst war der Zugezogenen wohl gesonnen, aber sie starb im Jahr 1807. Ihre Schwiegertochter Herzogin Luise hingegen lehnte die Frau aus Hamburg ebenso ab wie die stolze Charlotte von Stein und mehr noch Herzog Carl August selbst. Jahrelang wurde Johanna vom Hof ignoriert. Nichtsdestoweniger wurde ihr Haus zu einem geselligen Mittelpunkt Weimars. Während adelige Damen und nobilitierte Bürgerliche, darunter auch Literaten wie Schiller, ihre Geselligkeit mieden, weckte der unkonventionelle Neuankömmling im Nu die Neugierde Goethes, sodass er sie kurzerhand besuchte – eine Begegnung, von der beide profitieren sollten. Als der Dichterfürst nach achtzehn Jahren seine Liebe zu Christiane Vulpius legalisierte und mit dieser unstandesgemäßen Heirat den Unmut der ganzen Hofgesellschaft auf sich zog, stand ihm Johanna Schopenhauer zur Seite. Goethe führte seine Frau am 20. Oktober 1806 in die Gesellschaft ein – im Hause von Johanna Schopenhauer. Auch für sie selbst war dies ein bemerkenswerter Tag. An ihren Sohn Arthur schrieb sie am 24. Oktober: *„(...) denselben Abend ließ er sich bei mir melden und stellte mir seine Frau vor; ich empfing sie als ob ich nicht wüsste, wer sie vorher gewesen wäre, ich denke wenn Goethe ihr seinen Namen gibt, so können wir ihr wohl eine Tasse Tee geben. Ich sah deutlich, wie sehr mein Benehmen ihn freute; es waren noch einige Damen bei mir, die erst formell und steif waren und hernach meinem Beispiel folgten. Goethe blieb fast zwei Stunden, und war so gesprächig und freundlich, wie man ihn seit Jahren nicht gesehen hat."* [32] Goethe vergaß das nie und wurde zu einem ihrer wichtigsten Gäste. Dass sich die „vorzüglichsten Menschen" für sie interessierten, hat Johanna Schopenhauer nach einer Aussage selbst gewundert: „Ich habe noch keine Visite gemacht; alles ist so ganz von selbst gekommen", ließ sie ihren Sohn am 14. November 1806 wissen. Es fehle hier an einem „Vereinigungspunkte", fuhr sie fort, alle seien froh, ihn bei ihr zu finden. Alle Sonntage und Donnerstage von fünf bis gegen neun Uhr versammelten sich die Freunde bei ihr und brachten mit, *„was an interessanten Fremden"* herkomme. *„Ich habe Goethe den Plan gesagt; er billigt ihn und will ihn unterstützen."* [33] Das war neu: der erste bürgerliche Salon, und Goethe würde regelmäßig dabei sein. Ihren Briefen zufolge muss er sich ganz unbekümmert und frei gefühlt haben. *„Wenn er spricht, verschönert er sich unglaublich. (...) drückt niemand durch seine Größe. Er ist anspruchslos wie ein Kind; es ist unmöglich, nicht Zutrauen zu ihm zu fassen, (...) doch imponiert er allen, ohne es zu wollen."* [34] In einem weiteren Brief skizziert sie den Ablauf eines solchen Abends: *„Um halb sechs versammeln sie sich. Wir trinken Tee, plaudern; neue Journale, Zeichnungen, Musikalien werden herbeigeschafft, besehen, belacht, gerühmt, wie es kommt. Alle, die was Neues haben, bringen es mit; die Bardua zeichnet irgend einen als Karikatur, Goethe sitzt an seinem Tischchen, zeichnet und spricht. Die junge Welt musiziert im Nebenzimmer; wer nicht Lust hat, hört nicht hin. So wird's neune und alles geht auseinander und nimmt sich vor, nächstens wiederzukommen."*[35]

Die Gruppe setzte sich recht heterogen zusammen: Bürgerliche und adelige Hofbeamte, Kaufleute sowie Industrielle, Verleger, Gelehrte und Künstler zählten dazu, zeitweilig sogar der Erbgroßherzog Karl Friedrich von Sachsen-Weimar-Eisenach. Auch nationaler Besuch stellte sich ein: Achim von Arnim, Clemens und Bettina Brentano, Wilhelm von Humboldt, Ludwig Tieck, Hermann von Pückler-Muskau, Karl Friedrich Zelter, das Ehepaar Schleiermacher, Johann Gottfried Seume oder Ludwig Börne. Und diese brachten mitunter Begleiter aus dem Ausland mit. *„Fortan kam denn auch kein Fremder von Bedeutung zu Besuch nach Weimar, der nicht die Schopenhauersche Gesellschaft besuchte."* [36] Die Welt kam nach Weimar.

Zwischen 1806 und 1813 erlebte die Geselligkeit um Johanna Schopenhauer ihre Blütezeit. Bezeichnet wurde die Runde ganz unterschiedlich: Man sprach von Theetisch, Kreis oder Zirkel, oder von *thé littéraire*, Soireen oder Abenden, von Societäten, geselligen Treffen oder Gesellschaften. Johanna Schopenhauer sprach von sich selbst am liebsten als Wirtin. Von Salon war keine Rede; das war damals kein geläufiger Begriff.[37] Die kulturhistorische Bedeutung Johanna Schopenhauers ergab sich aus ihrer Tätigkeit als Schriftstellerin, vor allem aber aus dem Versuch, eine bürgerliche Geselligkeit ins Leben zu rufen und die „Lebensverhältnisse der Provinz mit der geistigen Atmosphäre der Weltoffenheit zu kombinieren" [38].

Berlin – die Salons der Jüdinnen

Während sich das Weimarer Kulturleben an Italien orientierte, blickte man in Preußen nach Frankreich. Die französische Kultur des Rokoko hatte vor allem durch Friedrich II. von Preußen (171 – 1786) Eingang auf deutschen Boden gefunden. Der frankophile König wollte den Berliner Hof zu einem Zentrum verfeinerter Lebensart machen, in Abgrenzung zum eigenen Vater, Friedrich Wilhelm I. (1688 – 1740), dem „Soldatenkönig".

Mütterlicherseits entstammt Friedrich II. der musischen und bildungsstarken Herzogsfamilie von Braunschweig und Lüneburg. Seine Großmutter Sophie Charlotte (1668 – 1705) hatte schon auf ihrem Berliner Schlösschen Lietzenburg, später ihr zu Ehren Charlottenburg genannt, Gelehrte und Literaten um sich versammelt. Die erste Königin Preußens verstand sich als Förderin von Kunst, Literatur und Philosophie. Einer der berühmtesten ihrer Gäste war der Philosoph Gottfried Wilhelm Leibniz (1646 – 1716), den sie bereits aus ihrer Kindheit kannte und mit dem sie eine enge Freundschaft verband. Die beiden führten intensive philosophische Gespräche. Auf ihre Initiative geht auch die im Jahr 1700 gegründete *Akademie der Wissenschaften* zurück. Leibniz hatte das Konzept dafür entworfen und wurde ihr erster Präsident.

Auch Sophie Charlottes Enkel Friedrich II. beschäftigte sich lieber mit schöngeistigen und philosophischen als mit politisch-militärischen Fragen. Nicht Versailles, sondern die Pariser Salons standen im Fokus seiner Aufmerksamkeit. Er verkehrte mit den großen Geistern seiner Zeit, z. B. Voltaire, zunächst auf Schloss Rheinsberg und später in der Tafelrunde von Sanssouci.[39] Der Schöngeist galt als genialer Kulturvermittler.

Nach dem Tod Friedrichs des Großen im Jahr 1786 verfolgte das Bürgertum angespannt die historisch beispiellosen Ereignisse in Paris und beschäftigte sich, wie vormals ihr König, ebenfalls intensiv mit französischer Aufklärungsliteratur. Freiheit, Gleichheit und Brüderlichkeit bewegten die Gemüter. Zugewanderte Hugenotten hatten zudem die verfeinerte, galante französische Lebensart nach Berlin gebracht und gründeten wenige salonartige Zirkel, die bald wieder verschwanden.

In der Zeit von 1780 bis zum Ersten Weltkrieg erblühten in Berlin unzählige Salons. Petra Wilhelmy-Dollinger, deren Forschungsergebnisse für die nachstehende Darstellung eine entscheidende Rolle spielen, unterscheidet zwischen trivialen und anspruchsvollen Salons. Die meisten von ihnen waren historisch unbedeutend, etliche zeugten von niedrigem kulturellem Niveau. Als Kriterien für die historische Bedeutung eines Salons nennt Wilhelmy-Dollinger die Frage, *„in welchem Wechselverhältnis das sozialgeschichtliche Phänomen mit speziellen Entwicklungen in der Geisteskultur (Literatur, Musik etc.) und Politik gestanden hat"* sowie das *„Binnenleben des Salons selbst und seinen Niederschlag in der Brief-, Tagebuch- und Memoirenliteratur"*.[40]

Frauen bot der Salon nicht nur eine Gelegenheit, den geistigen Strömungen ihrer Zeit zu begegnen und sich damit auseinanderzusetzen, sondern auch die Möglichkeit, *„sich gesellschaftlich zu profilieren und Ansehen zu erwerben"* [41] und aus Konventionen bzw. aus einer Außenseiterrolle herauszukommen. Diese Chance ergriffen vor allem junge Jüdinnen. Nicht um Frauen aus Familien, die an der Spitze der Gesellschaft standen, sondern um diese jungen jüdischen Außenseiterinnen formierte sich das frühe Salongeschehen. Damit widersprachen die Berliner Salons von Anfang an der allgemeinen historischen Entwicklung und bildeten eine Ausnahmeerscheinung, vor allem sozialgeschichtlich, denn die Struktur der Gesellschaft war hier bis ins 20. Jahrhundert hinein weitaus geschlossener als im übrigen Europa. Man lebte und heiratete fast nur im Umkreis familiärer Bindungen, innerhalb des eigenen Standes, in der eigenen Konfession und in der eigenen Berufsgruppe. Eine Ausnahmeerscheinung waren sie zudem im Hinblick auf die deutsch-jüdische Geschichte. Die Juden erhielten in Deutschland erst 1871 die vollen Staatsbürgerrechte, und bis ins 20. Jahrhundert hinein gelang es nicht einmal den reichsten Juden, mit Nichtjuden gleichen Besitzstandes zu einem selbstverständlichen Umgang zu kommen. Die Assimilation vollzog sich im Kleinen.

Für die späteren Salonièren war es ein Segen, als literaturbegeisterte junge Mädchen im gastfreundlichen Gelehrtenhaushalt von Moses Mendelssohn (1709 –1786) verkehren zu können. Moses Mendelssohn galt als *„Ahnherr eines neuen ‚aufklärten' Judentums"* [42], als Beispiel für einen Menschen, *„dem es gelungen war, sich selbst aus geistiger und gesellschaftlicher Unmündigkeit zu befreien"* [43]. Die philosophischen Schriften des Autodidakten durchzieht die Idee einer auf Vernunft und Toleranz basierenden Religiosität. Damit unterschied er sich von den meisten Aufklärern. Er träumte von einer *„unsichtbaren Kirche, die Menschen unterschiedlicher Glaubensbekenntnisse – Juden, Christen, Mohammedaner – in gegenseitiger Achtung vereinen sollte"* [44]. Bekannt ist seine Freundschaft mit Gotthold Ephraim Lessing, der ihm in seinem Bühnenstück *Nathan der Weise* ein literarisches Denkmal gesetzt hat.

Moses Mendelssohn war einer der ersten, der sich nachdrücklich dafür einsetzte, dass die Juden die deutsche Sprache erlernten. Nur so könnten sie einen Anschluss an Bildung und Aufklärung in Deutschland finden. Er engagierte sich nicht nur für die Bildung innerhalb der jüdischen Familien, sondern versuchte auch, die deutsch-jüdischen Beziehungen zu verbessern, indem er Gäste aus verschiedenen Lebensbereichen, wie Adelige und Bürgerliche, zu sich einlud. Sie waren fasziniert von der Weltoffenheit und Belesenheit, die sie eher hier und in anderen jüdischen Familien, z. B. im Haus des jüdischen Buchhändlers Friedrich Nicolai, fanden als unter ihresgleichen. Auch Schriftsteller wie Lessing, Ramler, Gleim und Ewald von Kleist suchten den Kontakt. Sie lasen aus ihren Manuskripten und tauschten ihre Gedanken. *„Zu Mendelssohn geht man am Vormittag, zu Nicolai am späten Nachmittag. Der Geist der Aufklärung, der die Entwicklung Berlins von der Residenzstadt zur Großstadt entscheidend fördert, formt sich in den Gesprächen der Freunde."* [45] Die Geselligkeiten im Hause Mendelssohn wie auch bei seinem Freund, dem Schriftsteller und Buchhändler Friedrich Nicolai, entwickelten sich zu Vorläufern bildungsbürgerlicher Salons und inspirierten die künftigen Salonièren schon in ihrer frühen Jugend.

In den jüdischen Häusern wurden verschiedene Modi des Lesens geübt: Man las sich gegenseitig vor, las in Gemeinschaft oder jeder für sich alleine – und zwar vor allem das, was Moses Mendelssohn und Friedrich Nicolai für gut befanden und empfahlen: *„Die Frauen wendeten sich, teils durch Mendelssohn persönlich, teils durch seine Aufsätze in den ‚Briefen, die neueste Literatur betreffend' und in der ‚Allgemeinen Bibliothek' veranlasst (...) der schönen Literatur zu."* [46]

Historikern zufolge hatte der Erfolg der jüdischen Salons mehrere Gründe: Die Berliner Jüdinnen waren „kultivierter" und „gebildeter" als ihre christlichen Zeitgenossinnen. Bürger und Adelige suchten den Verkehr miteinander, wurden aber daran gehindert, weil die feudale Standesordnung dem Adel untersagte, Personen niederer Herkunft zu besuchen oder zu empfangen. Die Häuser wohlhabender Juden wurden als neutrale Territorien wahrgenommen und boten Adeligen einen intellektuellen Anreiz und Kontakt zu Bürgerlichen. Zudem mangelte es der Stadt an intellektuellen Institutionen, es fehlte eine Universität, ein Parlament und ein bedeutendes Verlagswesen. Dieses soziokulturelle „Vakuum" wussten die jüdischen Salonièren zu füllen. Sie hatten Erfolg, weil sie genau jenen Freiraum von Begegnung boten, der den Bedürfnissen der Berliner Intelligenz entgegen kam.[47] Dabei darf nicht vergessen werden, dass die ganze Epoche unter dem Zeichen des Wortes stand und von Literatur durchdrungen war. Das literarische Angebot stieß auf enorme Nachfrage, und beides bedingte einander. Ohne diese Grundvoraussetzung wäre auch der Erfolg der jüdischen Salons nicht denkbar. Maßgeblich war nicht, dass die Salons von Jüdinnen initiiert wurden. Maßgeblich war, dass in der Gesellschaft der Bedarf an neuen Formen der Geselligkeit vorhanden war. Die Voraussetzungen dafür erfüllten die Jüdinnen am besten.

Einfach war dieser Prozess für die Jüdinnen sicher nicht. Es mangelte an Vorbildern aus den eigenen Reihen, als sie begannen, Kontakte mit nichtjüdischen Gebildeten auf- und auszubauen. Denn nicht nur die Gegenseite, sondern auch die eigene jüdische Gemeinde hatte Vorbehalte gegenüber der neuen, die Individualität betonenden Lebenshaltung.[48] Die jüdischen Frauen vollbrachten ein dreifaches Kunststück. Sie emanzipierten sich nicht nur von ihren *„traditionellen, patriarchalischen Familienverhältnissen"*, sondern *„knüpften neue Verbindungen zwischen den Klassen, Religionen und Geschlechtern"* und trugen damit zur *„Entstehung einer gehobenen Geisteskultur bei"*.[49]

Henriette Herz (1764 – 1847)

„Mad[ame] Herz ist eine lang bekannte, perennierende Schönheit, seit Jahren Gegenstand vieler unerhörter Wünsche und schöngeistiger Huldigungen. Wer den Gendarmenmarkt und Mad[ame] Herz nicht gesehen hat, hat Berlin nicht gesehen" [50], notierte der Schriftsteller Karl August Böttiger 1797 in sein Tagebuch. Damit wird er vielen aus der Seele gesprochen haben. Über zwanzig Jahre lang hat die schöne jüdische Salonière die großen Geister ihrer Zeit um sich versammelt, sie inspiriert und sich von ihnen inspirieren lassen.

Henriette Herz. Die aufgeschlossene Romantikerin. Quelle: CC-BY-SA

Henriette wurde im Jahr 1764 in Berlin als Tochter des jüdischen Arztes Benjamin de Lemos geboren. Schon als Kind brillierte sie durch ihre rasche Auffassungsgabe und ihren wachen Verstand. Die kleine Henriette hat so exzessiv gelesen, dass ihre Eltern sich Sorgen machten und sie etwas zu bremsen versuchten. Das gefiel ihr gar nicht und später nahm sie jede geistige Anregung durch ihren Ehemann umso dankbarer an.

Der Tradition gemäß wurden die Töchter aus jüdischen Häusern sehr früh verheiratet, Henriette war bei ihrer Verlobung erst dreizehn Jahre alt und bei ihrer Hochzeit gerade einmal fünfzehn. Ihr Bräutigam war damals etwa doppelt so alt. Marcus Herz hatte vor seiner Ehe Medizin und zusätzlich Philosophie bei Immanuel Kant studiert. Später unterhielt er private Gesprächs- und Vortragsabende, die philosophischen und physikalischen Inhalten gewidmet waren. Viele hochrangige Gelehrte, Studenten und seine junge Frau nahmen daran teil. Schnell erkannte Henriette Herz den Nutzen, die diese Gespräche mit sich brachten: *„Es waren größtenteils gescheite Leute, die sie führten, und konnten sie auch nicht immer* mit *mir sprechen, so sprachen sie doch* zu *mir."*[51] Bei allem, was sie Wertvolles an diesen Abenden lernte, fühlte sie sich doch mehr zu fremden Sprachen hingezogen, von denen sie im Laufe ihres Lebens zehn zu beherrschen lernte. Ebenso stark interessierte sie sich für die damals aktuelle Literatur, die Dichtung des Sturm und Drang, die Klassik und später die Romantik. Während sich Marcus Herz nach dem Abendessen mit seinen Gelehrten zurückzog, unterhielt seine Frau im Nebenzimmer eine an Literatur interessierte Geselligkeit beim Tee, *„mehrere junge Männer, der deutschen Dichtkunst ergeben, das hierin Neuerscheinende beibringend, besprechend, recitirend und critisirend"* [52].

Neben dem Salon galt Henriette Herz' Augenmerk noch zwei anderen Formen sozialen Miteinanders. Sie und ihr Ehemann waren begeisterte Mitglieder der damals beliebten Lesegesellschaften. Eine der frühesten von ihnen versammelte sich bei Henriettes Jugendfreundin Dorothea Veit, einer Tochter Moses Mendelssohns. *„Gewöhnlich wurde Dramatisches gelesen, und ich darf sagen gut"* [53], urteilte Henriette selbst. Das Ehepaar verkehrte außerdem in einer vornehmen Lesegesellschaft bei Hofrat Bauer, die sich ab 1785 einmal wöchentlich im königlichen Schloss versammelte. Zu diesem Kreis zählten Moses Mendelssohn, die Schriftsteller Ramler, Goecking und Moritz, der Historiker Dohm, der Prediger Spalding sowie die Brüder Humboldt, welche fast gleichaltrig mit Henriette waren. *„Gelesen wurde jedes Mal. Kleinere und größere Aufsätze, lyrische und epische Dichtungen, Dramatisches usw. wechselten sich ab, und sowohl Männer als Frauen lasen vor."* [54] Die bedeutendste Lesegesellschaft war die von Ignaz Aurelius Feßler (1756 – 1839) gegründete „Mittwochsgesellschaft", welche mit mehreren Umbrüchen bis ins 20. Jahrhundert Bestand hatte. Wie bei Hofrat Bauer waren auch hier Frauen zugelassen. Dass diese Institution entscheidend zur Belebung ihres eigenen Salons beitrug, hat Henriette in ihren Erinnerungen selbst betont: *„Mehrere Teilnehmer an der Feßlerschen*

Gesellschaft kamen in unser Haus, so wie fast jeder an Geist bedeutende Fremde es besuchte. Unter so günstigen Umständen bildete sich unser Haus, von welchem ich ohne Übertreibung sagen kann, dass es in nicht langer Zeit eines der angesehensten und gesuchtesten in Berlin wurde.“ [55]

Während die Lesegesellschaften vor allem Geistesbildung im Sinn hatten, diente ein anderer Kreis um Henriette der Herzensbildung und *„sittlichen Vervollkommnung seiner Mitglieder“* [56], der 1787 gegründete „Tugendbund“. Den Tugendbündlern schwebte eine Art von Bildung vor, wie sie Goethe etwas später seinem Bildungsroman *Wilhelm Meisters Lehrjahre* (1795/96) schilderte. Statuten wurden aufgestellt und Chiffren vereinbart. Man schrieb sich lange Briefe der Seelenerkundung und gelobte, voreinander keine Geheimnisse zu haben. Ein Verbindung junger Menschen, ein Experiment mit hohen Idealen und ernsthaften Absichten, das nach wenigen Jahren an seinen eigenen Ansprüchen scheiterte. Einige Freundschaften aber blieben, z. B. die zwischen Henriette Herz und Wilhelm von Humboldt. Dieser lernte von der jungen Jüdin das Hebräische und verfasste in dieser Sprache eine Notiz, wie langweilig es auf dem Tegeler Schloss zugehe und wie viel besser man sich in Gesellschaft *„jüdischer Frauenzimmer“* unterhalte.[57]

Lesegesellschaften und Tugendbund hatten, jeweils für sich genommen, die Bedürfnisse nach einer einerseits freien und ungebundenen und andererseits anspruchsvollen und regelmäßigen Geselligkeit nicht ausreichend zu stillen vermocht. Dies wiederum war der Vorzug eines Salons. Man ging nach Lust und Laune hin oder blieb ihm fern. Man erwartete kein spezielles Programm, sondern war offen für das, was sich aus dem Gespräch entwickeln würde. Gerade in diesem Spontanen lag sein Reiz.[58] Sowohl die Mitglieder der Lesegesellschaften als auch die stürmische, bildungseifrige Jugend des Tugendbundes waren mit Henriette Herz' Salon verflochten und gaben ihm Aufwind. Zu den Gästen zählten bald auch der preußische Prinz Louis-Ferdinand, der Dichter Jean Paul, der Bildhauer Gottfried Schadow, Friedrich Schlegel sowie ab 1796 der Theologe Friedrich Schleiermacher (1768 – 1834).

Einen Großteil ihrer Bildung hatte Henriette erst nach der Ehe erworben. Wenn sie sich mit ihrem gelehrten Mann, seinen klugen Freunden und ihren Gästen verglich, hatte sie oft das Gefühl, nur halbgebildet zu sein. Friedrich Schleiermacher, welcher ihr ein guter Seelenfreund wurde, versuchte ihre Bedenken zu zerstreuen: *„Eigentlich giebt es doch keinen größeren Gegenstand des Wirkens, als das Gemüth, ja überhaupt* *keinen andren, wirken Sie etwa da nicht? O Sie fruchtbare, Sie vielwirkende, eine wahre Ceres sind Sie für die innere Natur und legen einen so großen Accent in die Thätigkeit der Außenwelt, die so durchaus nur Mittel ist, wo der Mensch in dem allgemeinen Mechanismus sich verliert, von der so wenig bis zum eigentlichen Zweck und Ziel alles Thuns hingedeiht und immer tausendmal so viel unterwegs verloren geht!"* Sie solle selbst sehen, was sie getan habe und noch tun werde, fährt Schleiermacher fort, und sie solle erkennen, dass dieses Tun und Bilden mehr sei als alles, was der Mensch *„über das große Chaos, welches er sich zurechtmachen soll, gewinnen kann."* [59] Ingeborg Drewitz deutet die Zeilen Schleiermachers als Versuch, ihr zu zeigen, *„wer sie ist"*; er festigte ihr Selbstvertrauen und vertiefte es, indem er ihre persönliche Wirkung als Aufgabe umriss.[60] Überhaupt war die Beziehung der schönen Jüdin zu dem christlichen Theologen, mit welchem sie gemeinsam Shakespeare las, Italienisch sprach und über seine Schriften diskutierte, ungewöhnlich intim. Romantische Liebe leben dürfen statt in verordneter Ehe ausharren müssen, das war eine Vorstellung, von der damals viele junge Frauen träumten. Als Folge literarischer Strömungen wie Sturm und Drang und Romantik wandelte sich ihr Selbstbild *„von einem Objekt familialer Heiratspolitik, dem jede zweckfreie Erotik und Sinnlichkeit abgesprochen wurde, zu einem Subjekt mit erotischer Ausstrahlung, das den Anspruch erhob, (...) sich in freigewählten Liebesbeziehungen zu verwirklichen"*[61]. Henriette Herz und Friedrich Schleiermacher verwirklichten nach eigenem Bekunden ihre Liebe „nur" auf geistiger Ebene, während die Gesellschaft die ungewöhnliche Freundschaft mit Klatsch bedachte und als Affront gegenüber der Konvention wahrnahm.

Friedrich Schleiermacher war auch mit Friedrich Schlegel befreundet, der im Jahr 1797 nach Berlin kam. Über die Salon-Szene knüpfte er schnell neue Kontakte und lernte dabei seine spätere Frau Dorothea kennen, eine Tochter Moses Mendelssohns und Jugendfreundin Henriettes. Friedrich Schlegel zählte zusammen mit seinem Bruder August Wilhelm, Ludwig Tieck, Novalis und Wilhelm Heinrich Wackenroder zu den wichtigsten Vertretern der Frühromantik.

Die frühe Berliner Salonkultur bestand aus jungen Salonièren und jungen Gästen, eine Bewegung der Jugend, die sich einem ganz anderen Lebensgefühl verschrieben hatte als die Generation ihrer Eltern und Großeltern: Sie wollte gleich sein und frei und brüderlich miteinander umgehen; diese Jugend wollte *„Mensch sein und sich zum Menschen bilden, zum geistigen Menschen emanzipieren"* [62]. Veredelung, Bildung,

Persönlichkeit, Wahrheit, Ganzheit – Begriffe, die für das Streben dieser Generation stehen. Und dabei war nicht jeder für sich alleine unterwegs, man wollte sich vielmehr gemeinsam auf den Weg machen. Friedrich Schlegel fühlte sich damals zu den am Anfang dieser Arbeit zitierten Zeilen inspiriert: *„Wo mehre bildend sich in Eins verbunden, gewinnt der Künstler seines Daseins Mitte. Weiß nun, wohin er richten soll die Schritte, und sieht die Teile sich zum Ganzen runden."* Die Frische des Aufbruchs und der Geist der ersten Stunde zogen die Menschen in die Salons. *„Es gab keinerlei festgeschriebene Verpflichtungen, außer gebildet oder bildungswillig zu sein und den guten Ton zu beherrschen."* [63] Petra Wilhelmy-Dollinger bezeichnet sie deshalb als *„lockere, schwebende Gebilde, kaum Institutionen zu nennen"* [64].

Dass die Salonièren und ihre Gäste von hohen geistigen Werten getragen waren, hat eine ideelle Vorgeschichte, die im Folgenden aufgefächert wird. Sie soll veranschaulichen, wie die beiden Fäden dieser Forschung, der in der Einleitung beschriebene systematisch-theoretische und der im Weiteren abgewickelte historisch-deskriptive, an dieser Stelle zeitlich und räumlich zusammenlaufen und wie sehr die Begegnungen der Menschen diesen Verlauf geprägt haben.

Bereits 1776, noch vor seiner Hochzeit, hatte Marcus Herz seinen *Versuch über den Geschmack und die Ursachen seiner Verschiedenheit* [65] publiziert. Als guten Geschmack bezeichnete Herz die Fähigkeit der Seele, Schönes von Hässlichem unterscheiden zu können. Das Wesen der Schönheit werde, so Herz, durch die Einheit, die Mannigfaltigkeit und die „Haltung" im Sinne eines Gefühls für Proportionen bestimmt. Die Geschmacksfrage erstrecke sich allerdings nicht nur auf Kunst, sondern auf alle Wissenschaften, Seelenfähigkeiten, Begriffe und Bewegungen. Hinsichtlich der Erziehung zum guten Geschmack forderte Marcus Herz die Vervollkommnung dreier Fähigkeiten, nämlich der Einbildungskraft, der Vernunft und der oben genannten Haltung. Diese drei seien Voraussetzung für jede *„Vorstellung von Schönheit"* und *„Formerkenntniß"*.[66] Das Geschmacksniveau eines Menschen misst sich Herz zufolge daran, wie stark diese Erkenntniskräfte ausgeprägt und wie ausgewogen sie sind.

Marcus Herz' Idee vom guten Geschmack stieß in der gebildeten Öffentlichkeit auf Interesse und Zustimmung. Karl Philipp Moritz, Schriftsteller, Kunstkritiker und Freund Goethes, zog spontan die Verbindungslinie zur allgemeinen Bildungstheorie: *„In so fern nun die eigentliche Bildung des Menschen selbst in seiner harmonischen Entwickelung aller* *seiner Kräfte besteht, kann man sich die Bildung des Geschmacks nicht als etwas für sich Bestehendes, sondern muß man sie sich bloß als eine Folge der Bildung des Menschen überhaupt denken."* [67] Petra Wilhelmy-Dollinger vergleicht den Proportionsbegriff Marcus Herz' mit dem Bildungsideal Wilhelm von Humboldts, das dieser im Jahr 1792 so formulierte: *„Der wahre Zwe[k] des Menschen – nicht der, welchen die wechselnde Neigung, sondern welchen die ewig unveränderliche Vernunft ihm vorschreibt – ist die höchste und proportioni[e]rlichste Bildung seiner Kräfte zu einem Ganzen."* [68] Wilhelm von Humboldt beruft sich ebenfalls auf die „Vernunft", wie die Aufklärung sie propagiert hatte. Der Harmonie- und Proportionsgedanke war in den Idealen der Aufklärung bereits vorgeprägt. Um sein Bildungsideal, die Ausbildung der Persönlichkeit zu einem Ganzen, zu erreichen, seien *„Freiheit"* und *„Mannigfaltigkeit der Situationen"* nötig: In der Geselligkeit müsse jeder von den Begabungen und Erfahrungen seines Gegenübers lernen, es müsse sich *„einer den Reichtum des andren"* zueigen machen.[69] An einer anderen Stelle seines Werkes schreibt Humboldt, dies sei *„die letzte Aufgabe unseres Daseyns: dem Begriff der Menschheit in unsrer Person, sowohl während der Zeit unsres Lebens, als auch noch über dasselbe hinaus, durch die Spuren des lebendigen Wirkens, die wir zurücklassen, einen so grossen Inhalt, als möglich, zu verschaffen"*. Humboldt zufolge lässt sich dies *„allein durch die Verknüpfung unseres Ichs mit der Welt zu der allgemeinsten, regesten, freiesten Wechselwirkung" erreichen"*.[70] Auch Goethe und Schiller teilten diesen Bildungsgedanken, der damals häufig im Zusammenhang mit der Idee einer Kulturnation ausgesprochen wurde. In den *Xenien* für das Jahr 1797 schrieben die beiden: *„Zur* Nation *euch zu bilden, ihr hoffet es, Deutsche, vergebens. / Bildet, ihr könnt es, dafür freyer zu Menschen euch aus."* [71]

Eines der Projekte, die Friedrich Schleiermacher in seiner Berliner Zeit in Angriff nahm, war der *Versuch einer Theorie des geselligen Betragens* (1799/1800). Schleiermacher konnte zwar nicht über ein Fragment hinaus gelangen, jedoch spricht dieses für sich. Zum einen spiegelt es einen Interessens- und Bewusstseinswandel gegenüber den Werken früherer Autoren wie Adolph Freiherr Knigge (1752 – 1796) wider, zum anderen bezieht es sich auf ein Ideal geselligen Miteinanders, das in enger Verwandtschaft mit dem damaligen Bildungsideal steht. Schleiermacher wertete Knigges Werk *Über den Umgang mit Menschen* als pragmatischen Ansatz: Man verhalte sich zu anderen freundlich und harmonisch, weil es eigenen Zwecken diene – Freundlichkeit aus Kalkül. Schleiermacher setzte dem eine andere Vorstellung entgegen. Er entwarf das

Konzept einer von hohem Anspruch getragenen, „freien Geselligkeit“, die über die Ebene des (Eigen-)Nützlichen und Selbstbezogenen hinausgeht. Schleiermachers Theorie schließt sich in gewisser Weise an die idealistische Philosophie Kants und Fichtes an; sie beruht auf moralischen Postulaten und basiert auf einem wertschätzenden Interesse gegenüber den anderen Teilnehmern. In seiner Theorie greift Schleiermacher auch die Idee Wilhelm von Humboldts von der freien Ausbildung der Individuen durch „mannigfaltige Situationen“ auf. Die Geselligkeit ziele zentral auf Bildung ab, weshalb nicht jedes Beisammensein von Menschen eine Geselligkeit in diesem engeren Sinn darstellen könne. Entscheidend ist vielmehr nach Schleiermacher die Wechselwirkung der Teilnehmenden, sie müsse *„ein freies Spiel von Gedanken und Empfindungen“* sein, *„wodurch alle Mitglieder einander gegenseitig aufregen und belehren“*.[72]

Schleiermacher wie Humboldt vertraten den Standpunkt, nicht nur wissenschaftliche Gespräche, sondern auch Unterhaltungen über allgemeine kulturelle Themen seien bildend. Schleiermacher übertrug mit seiner Geselligkeitstheorie folglich bildungstheoretische Fragen auf den konkreten Bereich menschlichen Miteinanders. Dabei weist Schleiermacher auch auf Geselligkeiten hin, die sich um eine Frau formieren. Den Salons spricht er dabei eine wichtige bildende Funktion zu. Dass ihn vor allem die Salonabende bei Henriette Herz inspiriert haben, unterstreicht die Bedeutung der Salon-Geselligkeiten, wie sie die jüdischen Frauen ins Leben gerufen hatten. Man darf davon ausgehen, dass Schleiermacher an Orten wie diesen sein „Kulturideal“ am nächsten verwirklicht fand: *„Hier entsteht die Vollendung des Lebens, die eine Art ritterlicher Virtuosität ist; an sie ist die höchste Lebensfreudigkeit gebunden, sie ermöglicht die harmonische Gestaltung des Lebens, in ihr verwirklicht sich die unbedingte Souveränität des Geistes.“* [73]
Systematische Denker wie Humboldt und Schleiermacher entwickelten ihre Bildungs- und Geselligkeitstheorien aus der Praxis und erprobten sie umgekehrt wieder an ihr – ein entscheidender Moment für die Salonkultur, aber auch für die dahinter stehende Triade Geselligkeit, Bildung und Sprache.

Henriette Herz' kulturhistorische Bedeutung liegt im Pioniercharakter ihrer Salongründung. Sie war die erste jüdische Salonière Berlins und bezog eine vermittelnde Stellung zwischen konträren Kulturepochen, kulturellen und geistigen Strömungen sowie – allein schon ein Novum in Berlin – zwischen sich ausschließenden Gesellschaftskreisen. Dass zahlreiche bedeutende Persönlichkeiten in ihrem Haus verkehrten und viele Auswärtige sie zu sehen als wichtigen Punkt ihrer Berlinreise erachteten, spricht für sich.

Rahel Levin-Varnhagen (1771 – 1833)

Rahel Levin Varnhagen. Die sprachgewandte Selbstdenkerin. *Quelle:* CC-BY-SA

„Sie sind die Romantik selbst. Sie waren es, noch ehe das Wort erfunden wurde.“ [74] Als der Schriftsteller und Politiker Friedrich von Gentz (1764 – 1832) im Jahr 1830 diese Worte an Rahel Levin-Varnhagen richtete, konnte sie schon beinahe auf ihr ganzes Leben zurückblicken.

Rahel Varnhagen, geb. Levin, ist weder attraktiv gewesen, noch erfuhr sie als Kind eine besondere Bildung, aber sie liebte die Sprache. Unzählige Briefe hat sie im Laufe ihres Lebens verfasst und unendliche viele Gespräche geführt. Auch wenn sie selbst nicht als gelehrt galt, so machte sie doch Eindruck auf jene, die es waren. Wilhelm von Humboldt etwa erinnerte sich, *„alle ihre Gedanken und selbst die Form ihrer Empfindungen“* hätten *„ein unverkennbares Gepräge der Originalität an sich“* gehabt.[75] In dieser Originalität und Echtheit lag das Geheimnis von Rahels Anziehungskraft. Bezeichnend dafür war auch ihr Selbstverständnis von Bildung: *„ Ich kann mich gar nicht bilden, in nichts; mein tobendes Herz – in Sanftmut, Liebe, Freude, Schmerz – bildet ja alles in und an mir, bis zu meinem jedesmaligen Stil im Schreiben.“* [76] Mit ihren klugen Äußerungen hat sie ihre Gäste nicht nur verblüfft, sondern oft auch tief bewegt. *„Was sie sagt“*, bemerkte der schwedische Gesandte Karl Gustav Brinckmann rückblickend, *„ist in so amüsanter Paradoxie und oft so treffend wahr und tief, daß man es sich noch nach Jahren wiederholt.“* [77]

Zu Beginn der 1790er Jahre gründete Rahel ihren Salon im schlichten Obergeschoss des elterlichen Wohnhauses. Es war der erste, der von einer unverheirateten Frau geführt wurde, und er setzte sich schon dadurch von anderen Salons ab. *„Die geistreichste und vornehmste Gesellschaft versammelt sich bei ihr“*, erinnerte sich Brinckmann, *„aber ganz ohne Prunk und Ostentation“*.[78] Rahel Varnhagen bezeichnete den Rahmen ihrer Geselligkeit selbst nicht als Salon; sie sprach von ihrer Dachstube oder einfach vom Tee. Sehr viel mehr konnte sie den Gästen mit ihren bescheidenen Mitteln auch gar nicht bieten, dafür aber einen Freiraum der Begegnung, eine Atmosphäre, in der *„jeder das Beste aus sich herausholen konnte“* [79]. In den Dienst dieser Geselligkeit stellte sie sich selbst. Gesellschaftliche Routine besaß sie allerdings nicht. Sie versuchte auch gar nicht erst, in eine dem Anlass entsprechende Rolle zu schlüpfen. Sie gab sich, wie sie war. Dieses Unverstellte zog die Menschen an. Vor allem Karl August Varnhagen, (1785 – 1858), ihr späterer Ehemann, war bezaubert: *„Zuvörderst kann ich sagen, dass ich in ihrer Gegenwart das volle Gefühl hatte, einen ‚ächten Menschen‘, dies herrliche Gottes-*

geschöpf mit seinem reinsten und vollständigsten Typus vor Augen zu haben, (...) überall originale und naive Geistes- und Sinnesäußerungen, großartig durch Unschuld und Klugheit, und dabei in Worten wie in Handlungen die rascheste, gewandteste, zutreffendste Gegenwart. Dies alles war durchwärmt von der reinsten Güte, der schönsten, stets regen und tätigen Menschenliebe, der lebhaftesten Teilnahme für fremdes Wohl und Weh." [80]

Es waren Rahel Varnhagens ausgeprägtes Einfühlungsvermögen, ihre enorme Fähigkeit zuzuhören und ihr vibrierender Geist, welche ein geistiges, ein romantisches Klima schufen, in dem die Menschen sich rundum wohl, verstanden und geborgen fühlten. Jeder durfte, jeder sollte sich frei und ungebunden zeigen, ohne in Fragen der Höflichkeit und des Respekts nachlässig zu werden – ein geistiges Exil, zumindest für Stunden. Die Idee der „Menschenverbrüderung" hatte vor allem die Berliner Jugend ergriffen; man entdeckte die Freundschaft neu. Rahel und ihre Freunde waren davon überzeugt, dass der Mensch seine Persönlichkeit am besten im gemeinschaftlichen Miteinander entfaltet.

Um die Jahrhundertwende stand der Salon der unkonventionellen und lebhaften Jüdin in voller Blüte. Die Gäste unterschieden sich in Stand, Beruf und Rang, in Interessen und Überzeugungen, darunter Schauspieler, Gelehrte, Schriftsteller, Politiker, Diplomaten und Adelige. Zum Spektrum der ersten Phase ihres Salons gehörten neben Karl Gustav Brinckmann, die Töchter Moses Mendelssohns, Jean Paul, Friedrich und Ludwig Tieck, Ernst von Pfuel, Wilhelm und Alexander von Humboldt, Friedrich de la Motte Fouqué, Prinz Louis Ferdinand und dessen Geliebte Pauline Wiesel, Friedrich Schleiermacher, der Fürst von Ligne, Graf Tilly, der Fürst Radziwill, Staatsrat Staegemann, Friedrich Schlegel u. a.; sie alle empfängt sie bei sich in der Jägerstraße.

Rahel Varnhagen, die Autodidaktin, beherrschte neben dem Hebräischen und Deutschen auch das Französische. Sie schwärmte für den Reichtum an Anspielungen, den die französische Sprache ermöglichte, und für den typisch französischen Esprit. Im Vergleich zu dieser leichtfüßigen Eleganz wirkte das gesprochene Deutsch eher schwerfällig. Bisher hatte sich dessen Sprachmacht am stärksten im Schriftlichen, in Literatur und Philosophie, offenbart. Rahel wünschte daher, zu Gesprächen in feinerem, eleganterem Deutsch beizutragen: *„Wir, die Deutschen, haben noch keine Sprache, so durch alle Geselligkeitsröhren getrieben, wie es die französische ist: ... Es liegt aber eine solche in unserer bereitet da;*

man braucht sie nur fertig zu machen, nur die Wortstücke dazu auszusuchen – auch ich kann dergleichen, weil das Tagesleben, wie bei den Franzosen, mein Kunststoff ist." [81] Sie träumte von Gesprächen, in denen man sich über Erfahrungen und Eindrücke des alltäglichen Lebens auf einer höheren Ebene austauschen konnte. Nicht das gelehrte Gespräch sollte in ihrer „*Lebensgeselligkeit*" gepflegt werden, sondern die „*anspruchsvolle Unterhaltung über allgemeine Dinge des Lebens*".[82] Nach Rahel Varnhagens Vorstellung sollte dabei das Leben selbst bewusst gemacht und zum Kunstwerk geformt werden. Zu ihren Ideen gehörte auch, die deutsche Sprache von der Theologie zu emanzipieren. Gutes Deutsch solle nicht der Sonntagspredigt vorbehalten und von theologischen Formeln durchwoben sein; jeder solle sich um eine edlere Sprache bemühen, um sich zu jedem Anlass äußern zu können. Sprache diente nicht nur als Mittel zum Zweck der Verständigung, sondern als Selbstzweck – des Edlen und Schönen wegen. Über die Sprache finden die Menschen zusammen, mittels Sprache veredeln sie nicht nur ihr Gespräch, sondern formen auch sich selbst. Nicht nur für Rahel Varnhagen gehörten Sprache und (Salon-)Geselligkeit untrennbar zusammen.

Einer von Rahel Varnhagens Gästen, Graf Salm, hat den Verlauf eines exemplarischen Salongesprächs in seinen Notizen verewigt: „*Das Gespräch wurde sehr lebhaft und wogte, zwischen den Personen wechselnd, über die mannigfachsten Gegenstände hin. Ich wäre nicht fähig, die raschen Wendungen und den verschiedenartigen Inhalt wiederzugeben und wage den Versuch nicht. Man sprach vom Theater, vom Fleck, dessen Krankheit und wahrscheinlich nahen Tod man allgemein beklagte, von Righini, dessen Opern damals den größten Beifall hatten, von Gesellschaftssachen, von den Vorlesungen August Wilhelm Schlegels, denen auch Damen beiwohnten. Die kühnsten Ideen, die schärfsten Gedanken, die sinnreichsten Witze, die launigsten Spiele der Einbildungskraft wurden hier an dem einfachen Faden zufälliger und gewöhnlicher Anlässe aufgereiht. Denn die äußere Gestalt der Unterhaltung war, wie in jeder anderen Gesellschaft, ohne Zweck und Absicht, alles knüpfte sich natürlich an das Interesse des Augenblicks, der Person, des Namens, deren gerade gedacht wurde.*" [83]

Als sich Franz Grillparzer 1827 in Berlin aufhielt, war er zunächst nicht an den berühmten Salons interessiert und als man ihn mit Rahel Varnhagen bekannt machen wollte, soll er erleichtert gewesen sein, Rahel nicht anzutreffen. Dann aber kam sie ihm unerwartet auf der Straße entgegen und als die „*alternde, vielleicht nie hübsche, von Krankheit zusammengekrümmte, etwas einer Fee, um nicht zu sagen Hexe, ähnliche Frau"* zu sprechen begann, so berichtete er, sei er *„verzaubert" gewesen*. Seine Müdigkeit sei verflogen, sie habe gesprochen bis Mitternacht, und er wisse nicht mehr, ob er fortgetrieben wurde oder von selbst gegangen sei, er habe in seinem ganzen Leben nie *„interessanter und besser reden gehört"*.[84]

Die jüdische Außenseiterin und autonome Denkerin sah den Prozess der *„Selbstwerdung und Vervollkommnung"* als *„selbstverständliche[r] Aufgabe der Menschheit"* und versuchte nach Kräften einen Beitrag dazu zu leisten.[85] Wichtige Impulse für ihre geistige Entwicklung verdankte sie nach eigenen Angaben Johann Wolfgang von Goethe und Johann Gottlieb Fichte. Bei Goethe zog sie der Gedanke an, dass der Mensch *„mit der Welt verbunden ein Ganzes"* [86] ausmache, und bei Fichte die Auffassung, nicht der Staat, sondern der schöpferische Mensch stelle das höhere Prinzip dar. Niemand könne kultiviert werden, der sich nicht selbst kultiviere. Rahel blieb den Ideen dieser beiden einflussreichen Denker ein Leben lang treu.

Um 1800 hatten die Berliner Salons ihren Höhepunkt erreicht. Der Treffpunkt bei Rahel Varnhagen in der Jägerstraße war der berühmteste. Er war der Stern, der alle anderen überstrahlte – bis er 1806 jäh erlosch. Nach der verlorenen Schlacht bei Jena und Auerstedt lag Preußen am Boden. Der stolze friderizianische Staat zerbrach am Triumph Napoleons, Berlins bewegtes Gesellschaftsleben erstarrte. Mit dem Ende des Salons veränderte sich auch Rahels Alltag: *„Bei meinem ‚Teetisch', wie Sie es nennen, sitze nur ich mit Wörterbüchern (...) Nie war ich so allein. Im Winter, und im Sommer auch noch, kannt' ich einige Franzosen: mit denen sprach ich hin und her. Die sind alle weg. Meine deutschen Freunde, wie lange schon; wie gestorben, wie zerstreut!"*, erklärte sie einem ihrer treuen Briefkontakte, Karl Gustav Brinckmann, 1808 in einem Brief.[87] Das geistige Klima der Stadt hatte sich verändert. Auf der einen Seite Reformer, auf der anderen Reaktionäre, welche sich an ihre Privilegien klammerten. Statt in den Salons jüdischer Salonièren trafen sich diejenigen, welche geblieben waren, vor allem bei Adeligen und Ministern, z. B. beim Geheimen Staatsminister Staegemann, einem früheren Gast Rahel Varnhagens.

Die Berliner Romantiker durchliefen einen Wandel. Sie wurden politischer und begannen, ein nationales Bewusstsein zu entwickeln und die eigenen „germanischen" Wurzeln zu betonen. Das Mittelalter wurde nostalgisch überhöht. Deutsch sein war auf einmal alles, das Jüdische mied man. Hetzschriften gegen Juden kamen in Umlauf. Auch die emanzipatorischen jüdischen Salonièren wurden angriffen, sogar Rahel Varnhagen. Frühere Freunde gingen ihr aus dem Weg. 1811 gründeten Achim von Arnim u. a. die *Christlich-Teutsche-Tischgesellschaft* mit dem Ziel, ein *„neues Rittertum des Geistes und der Wahrheit"* [88] zu bilden. Eingeladen wurden nur Ehrenmänner, und das waren Christen. Juden und deren Nachkommen hatten keinen Zutritt, von Frauen ganz zu schweigen. Die gesellige Vereinigung zog vor allem preußische Reformer an, hauptsächlich Beamte, aber auch namhafte Hochschullehrer und Schriftsteller sowie Künstler, die zuvor die Gastfreundschaft jüdischer Häuser zu schätzen wussten. Die Attraktivität der von Jüdinnen geführten Geselligkeiten darf nicht darüber hinweg täuschen, dass *„den Ausnahmejuden Assimiliation im Sinne vollständiger gesellschaftlicher Anerkennung nur so lange zuteil wurde, wie sie sich als Ausnahmen von der Masse der übrigen Juden abhoben"* [89].

Nach seiner Niederlage verlor Preußen seine judenreichste Provinz Posen an Napoleon, die jüdischen Salons büßten ihren Reiz für die Gesellschaft ein.[90] Der antifranzösische Patriotismus als Folge des Einmarsch Napoleons war für die preußischen Juden noch nachvollziehbar, die explizit antisemitische Grundhaltung jedoch nicht. Ihr ganzes Leben lang hatte sich Rahel Varnhagen als benachteiligte Außenseiterin wahrgenommen. Nun ertrug sie den Umstand, als Jüdin geboren zu sein, noch schlechter. Sie begann sich zu fragen, ob alle ihre Versuche der Assimilation als Jüdin und der Emanzipation als Frau umsonst gewesen seien. Rahel war unglücklich und vereinsamte.

In den Jahren 1808/09 machte sie eine Bekanntschaft, die ihr Leben veränderte. Karl August Varnhagen von Ense hatte sie zwar schon 1803 flüchtig kennen gelernt, reiste aber wieder ab. Rahel muss ihm in guter Erinnerung geblieben sein, denn als er wieder nach Berlin zurückkehrte, suchte er nach ihr und umwarb die vierzehn Jahre ältere Frau. Nach mehrjährigen Turbulenzen heirateten die beiden im September 1814. Zuvor war Rahel zum Christentum konvertiert und ließ sich auf den Namen Antonie Friederike taufen. Es folgten viele unruhige Jahre, die das Paar in Wien, Frankfurt und Karlsruhe verbrachte – Varnhagen war mittlerweile Mitglied des diplomatischen Korps.

Erst 1819 kehrte Rahel Varnhagen als fast Fünfzigjährige mit ihrem Mann nach Berlin zurück. Die Ära ihres zweiten Salons (1819 – 1833) begann, diesmal an der Französischen Straße. Erneut wurde der Varnhagen'sche Salon ein Mittelpunkt des gesellschaftlichen Lebens, Rahel prägte wieder seinen Geist. Die geladenen Gäste bevorzugten politische Gespräche, sie erwarteten Diners statt Tee und Butterbrote und schätzten Musikabende. Ohne die Mittel Varnhagens, mittlerweile ein angesehener Publizist mit zusätzlicher Staatspension, wäre eine solche Bewirtung nicht möglich gewesen. Zu Gast waren der Historiker Leopold von Ranke, der Philosoph Hegel, Franz Grillparzer und auch der alte Freund Wilhelm von Humboldt, mit dem Rahel in Verbindung stand. Eine größere Rolle spielte aber jetzt sein Bruder Alexander, der mit den Berichten seiner großen und abenteuerlichen Reisen die Runde bereicherte. Des Weiteren gehörten auch Felix Mendelssohn-Bartholdy, seine Schwester Fanny Mendelssohn-Hensel, Gioacchino Rossini, Carl Maria von Weber und Niccolò Paganini zum Kreis. Auch Bettina von Arnim war häufig zu Gast sowie Fürst Hermann von Pückler-Muskau. Heinrich Heine sah in ihr die *„geistreichste Frau“* [91], der er je begegnet war, und schätzte sie als literarische Beraterin.

Allen fruchtbaren Begegnungen zum Trotz war ihr die Stadt ihrer Jugend fremd geworden. Geistige Kühnheit, gedankliche Grenzüberschreitungen, Menschenverbrüderung und Selbstvervollkommnung – die Ideale der frühen Romantik fand sie dreißig Jahre später nicht mehr. Die politischen Fronten begannen sich zu verhärten. Pressezensur und Schnüffelei führten dazu, dass die Menschen auch privat nicht mehr so offen miteinander umgingen wie zur Zeit ihres ersten Salons. Dadurch machte sich eine gewisse taktische Steifheit breit. Die Gespräche in den Salons waren keine „Seelen-Gespräche“ mehr. Man war nicht mehr „eines Geistes“ wie an manchen Abenden damals in Rahels Varnhagens bescheidener Dachstube.

Dennoch hat Rahel Varnhagen gemeinsam mit anderen Berliner Jüdinnen wie Henriette Herz eine Salonkultur begründet, die hundert Jahre währen sollte. Die Anfangsjahre der Berliner Salons von 1790 bis 1806 waren zugleich ihre besten. Dass ihre Glanzzeit darüber hinaus mit der bedeutendsten Phase deutschen Geisteslebens zusammenfiel, ist kein Zufall.

---

1 Heyden-Rynsch, 170f.
2 *Der Spiegel* vom 09.01.2007
3 *Der Spiegel* vom 29.01.2007.
4 Thomas Mann in seiner Rede *„Deutschland und die Deutschen“* anlässlich seines 70. Geburtstages im Jahre 1945.
5 *Der Spiegel* vom 29.01.2007.
6 Sdvižkov, 68.
7 Ebd., 77, 68.
8 Seibert, 90.

9 Knigge, zitiert in: Seibert, 86.
10 Harsdörffer, zitiert in: Seibert, 90.
11 Seibert, 92.
12 Schneider, 144.
13 Wilhelmy-Dollinger, 29.
14 Seibert, 93.
15 Mraz, 64.
16 *Der Spiegel* vom 29.01.2007.
17 Kording, 12.
18 Seibert, 92f.
19 Kording, 2.
20 Gottsched, Brief vom 26.6.1753, zitiert in: Kording, 184.
21 Wilhelmy-Dollinger, 69.
22 Sdvižkov, 77.
23 Ebd., 76.
24 Ebd., 72.
25 Gleichen-Russwurm, 443f.
26 *Die Welt* vom 09.06.2007.
27 Gleichen-Russwurm, 448.
28 Madame de Staël, zitiert in: Jäckel, 29.
29 Goethe (1795, 1978), Hamburger Ausgabe, Bd. 12, 241.
30 Köhler, 150.
31 Schütze, zitiert in: Köhler, 151.
32 Schopenhauer vom 24.10.1806, zitiert in: Jäckel, 373.
33 Schopenhauer vom 14.11.1806, zitiert in: Jäckel, 376f.
34 Schopenhauer vom 28.11.1806, zitiert in: Jäckel, 378.
35 Ebd., 378f.
36 Schütze, in: Köhler, 153.
37 Köhler, 152.
38 Ebd., 160.
39 Gleichen-Russwurm, 298.
40 Wilhelmy-Dollinger, 4, 7.
41 Wilhelmy, 38.
42 Strube, 12.
43 Wilhelmy, 44.
44 Strube, 12.
45 Drewitz, 8.
46 Herz, zitiert in: Seibert, 115.
47 Hertz, 25.
48 Seibert, 106.
49 Hertz, 27.
50 Böttiger, zitiert in: Seibert, 123.
51 Wilhelmy-Dollinger, 61.
52 Ebd., 62.
53 Strube, 48.
54 Strube, 49.
55 Wilhelmy-Dollinger, 63; Strube, 51.
56 Wilhelmy-Dollinger, 64.
57 Heyden-Rynsch, 138; Strube, 14.
58 Wilhelmy-Dollinger, 65.
59 Schleiermacher, zitiert in: Drewitz, 26.
60 Drewitz, 26.
61 Seibert, 121.
62 Wilhelmy-Dollinger, 9.
63 Ebd., 15.
64 Ebd., 15.
65 In Anlehnung an Herders *Ursachen des gesunden Geschmacks bey den verschiedenen Völkern da er geblüht.*
66 Leder, 146 – 148.
67 Moritz, zitiert in: Wilhelmy-Dollinger, 95.
68 Humboldt, zitiert in: Wilhelmy-Dollinger, 87.
69 Ebd., 96.
70 Humboldt (1793, 1980), 235f.

71 Schiller (1797, 1980), Sämtliche Werke, Bd. 1, 267, Nr. 96.
72 Dilthey, zitiert in: Wilhelmy-Dollinger, 99.
73 Wilhelmy-Dollinger, 102.
74 Latour, 138.
75 Ebd., 145.
76 Ebd., 149.
77 Ebd., 146.
78 Ebd., 147f.
79 Ebd., 148.
80 Wilhelmy-Dollinger, 83.
81 Ebd., 140.
82 Ebd., 140.
83 Graf Salm, zitiert in: Wilhelmy-Dollinger, 17.
84 Grillparzer, zitiert in: Wilhelmy-Dollinger, 141.
85 Drewitz, 51.
86 Strube, 19.
87 Söhn, 275.
88 Strube, 21.
89 Schütz, 65.
90 Ebd., 65.
91 Strube, 23.

4 Späte und letzte Blüten

19. und 20. Jahrhundert

Berlin

Nachdem Napoleon mit seinen Eroberungen die politischen Grenzen in ganz Europa verschoben hatte, stand Europa im Jahr 1814 vor der schwierigen Aufgabe, sich neu zu ordnen. Dafür trafen sich seine Vertreter auf dem Wiener Kongress. Zudem kam es zur Restauration der Bourbonen in Frankreich. Zar Alexander I., Franz I., Kaiser von Österreich, und der preußische König Friedrich Wilhelm III. gründeten 1815 die Heilige Allianz. Und auf das 1806 zerbrochene Heilige Römische Reich Deutscher Nation folgte der Deutsche Bund (1815).

Auch Preußen hatte sich neu zu positionieren und rief dafür kreative Reformer auf den Plan. Aber wo sollte es hingehen? Und wer sollte es umsetzen? Um diese Fragen kreisten die Diskussionen im Berliner Gesellschaftsleben. Und dieses lag zu dieser Zeit in den Händen von Beamten. Auch die Salons erlebten einen Wandel. Menschenverbrüderung, Echtheit, Freundschaft – diese Träume vom Ende des 18. Jahrhunderts waren ausgeträumt. Diejenigen, die sie in ihrer Jugend genährt hatten, waren alt, fortgezogen oder schon gestorben. Ernüchterung machte sich breit.

Nach den Wirren des Krieges zog sich das Bürgertum vermehrt ins Private zurück. Man sehnte sich nach Ordnung und konservativen Werten. Die Zeit des Biedermeiers begann. Zu den bedeutendsten Salons jener Zeit zählen die von Fürstin Radziwill, Gräfin Voß, Sara Levy, Henriette von Crayen, Amalie Beer, den Schwestern Bardua, Elise von Hohenhausen sowie von Elisabeth Staegemann, einer Zeitgenossin von Henriette Herz und Rahel Varnhagen. Sie hatte bereits in ihrer Geburtsstadt Königsberg ab Ende der 1780er Jahre einen Kreis angesehener und bedeutender Persönlichkeiten um sich versammelt, zu denen auch der Philosoph Immanuel Kant zählte. Nach ihrer Hochzeit mit Staatsminister Friedrich August von Staegemann (1763 – 1840), der bis zum Ende des Wiener Kongresses als Hardenbergs engster Mitarbeiter fungierte und an den Stein-Hardenbergschen Reformen zur Neugestaltung des preußischen Staates mitwirkte, setzte sie ab 1810 das Salonleben in Berlin fort. Zu ihren Gästen zählten hohe Staatsbeamte, Diplomaten und Militärs, auch Karl August und Rahel Varnhagen sowie Heinrich von Kleist. Dort, in ihren Räumen, las er seine

Werke *Penthesilea* und *Der Prinz von Homburg*. Elisabeth Staegemanns Salon stand historisch zwischen der „Rahelzeit", also der Spätaufklärung/Frühromantik, und dem Biedermeier. Sie begründete eine Art Salon-Dynastie, welche im Jahr 1820 ihre Tochter Hedwig von Olfers (1799 – 1891) und dann ihre Enkelin Marie von Olfers fortführen sollte, ein Novum in der Geschichte der Berliner Salons.

Um 1830 begann sich das geistige Klima erneut zu verändern. Die Zeit des Biedermeier war noch nicht vorbei, aber nationale, liberale und soziale Fragen drängten vermehrt in das öffentliche Bewusstsein. In der Zeit des Vormärz folgten die Salons zwar den *„emanzipatorischen Ideen des Jungen Deutschland und seines Umfeldes"*, aber sie waren gleichzeitig weiterhin vom Biedermeier geprägt und beinhalteten romantische und historische Elemente.[1] Goethe und sein Werk gehörten zu den Konstanten, um welche die Inhalte der Salongespräche kreisten, z. B. im Olfersschen Salon. Einen großen Raum nahmen die gemeinsame Lektüre klassischer Werke und musikalische Darbietungen ein.

Als Friedrich Wilhelm IV. im Jahr 1840 den Thron bestieg, setzte man große Hoffnungen auf ihn. Auch wenn er bei der Revolution 1848/49 politisch enttäuschen sollte, kulturell traf er kluge Entscheidungen. Als Förderer von Wissenschaft und Kunst holte er bedeutende Gelehrte aus ganz Deutschland nach Berlin. Der Publizist Julius Rodenberg vermerkte dazu: *„(...) er hat Berlin zur geistigen Hauptstadt Deutschlands gemacht, bevor es dessen politische ward"* [2]. Davon profitierte auch die Salonkultur. Nach ihrem Tief Mitte der 1830er Jahre stieg die Zahl bis zum Jahr 1845 auf über vierzehn große Salons – das war mehr als das Doppelte. Zu den vornehmsten zählten das Haus des Ägyptologen Richard Lepsius und weiterhin das Palais der Fürstin Radziwill sowie der Olferssche Salon.

Viele glaubten, Friedrich Wilhelm IV. würde das Versprechen seines Vaters von 1815 einlösen und Preußen zu einem konstitutionellen Staat machen. Der König war zwar nicht ausdrücklich reaktionär, aber als Romantiker setzte er weiterhin auf das *„Gottesgnadentum seiner Monarchie"* [3]. Das Bürgertum spaltete sich in zwei Lager. Das eine vertrat die konservative Position, während das andere eine progressive, demokratisch orientierte Stellung bezog. Als die Revolution ganz Berlin erfasst hatte, ging der politische Ruck mitten durch die Salons. Die Fronten verhärteten sich, überall vermutete man Feinde, sogar in den eigenen Reihen; das bis dahin ungezwungene Miteinander in der Salongeselligkeit war gefährdet, gerade weil die Politik Einzug in sie gehalten hatte. Im Jahr 1850 legte der König seinen Eid auf die Verfassung ab. Preußen wurde ein konstitutioneller Staat.

Im Bürgertum erwachte ein neues Selbstbewusstsein. Naturwissenschaftliche Entdeckungen und technische Erfindungen häuften sich, das Eisenbahnnetz wurde ausgebaut, es kam zu ersten Weltausstellungen, in Deutschland setzte die Industrialisierung ein. Man gab sich fortschrittsbewusst. Literarisch war es die Zeit des bürgerlichen Realismus, zu dessen Protagonisten Schriftsteller wie Gottfried Keller, Theodor Storm und Theodor Fontane zählen.

Im Jahr 1862 wurde Otto von Bismarck zum preußischen Ministerpräsidenten ernannt, 1871 zum Kanzler im Deutschen Reich. Deutschland war jetzt ein einheitlicher Nationalstaat. Berlin wurde Reichshauptstadt, Sitz des Bundesrates und des Deutschen Reichstags. Die Residenz entwickelte sich zu einer modernen Großstadt. Die Einwohnerzahl stieg von 528 900 im Jahr 1861 bis zum Jahr 1890 auf 1 579 224. Um 1900 erhob man den Anspruch einer „Weltstadt". Ein rasanter Umwandlungsprozess, nicht nur politisch, sondern auch kulturell.

Noch einschneidender als 1830 zeichnete sich in den Salons zu Beginn der 1860er Jahre ein Generationenwechsel ab. Mittlerweile waren nicht nur die letzten Salonièren der ersten Stunde verstorben, sondern so gut wie alle ihre Gäste und Augenzeugen: Alexander von Humboldt, Bettina von Arnim, Wilhelm Grimm, Karl August Varnhagen von Ense, Jacob Grimm u. a. Während die erste Hälfte der Berliner Salongeschichte mit Auf- und Ausbau der geselligen Formation beschäftigt war, stand man nun vor der Aufgabe, aus dem *„Schatten einer großen Vergangenheit"* [4] zu treten und dabei ein eigenes Profil zu gewinnen.

Das Erbe einer als klassisch angesehenen Epoche mit ihren herausragenden Kulturleistungen anzunehmen, war nicht nur Glück sondern auch Last: Bürde der Nachgeborenen. „Weh dir, dass du ein Enkel bist!", hatte Mephisto den Schüler im *Faust I* gemahnt und Goethe, der Verehrer des klassischen Griechenlands, wusste, wovon er ihn sprechen ließ. Nachgeboren zu sein, das war ein Dilemma für alle literarischen Erben der Deutschen Klassik und ebenso für alle Erbinnen der frühen Berliner Salonkultur. Während sich die einen klaglos in die veränderten gesellschaftlichen Rahmenbedingungen einpassten, versuchten andere verzweifelt das alte Erbe fortzuführen – mit neuen Menschen, in einer neuen Zeit. Man hatte sich nicht nur mit dem Erbe als solchem, sondern mit völlig neuen Rahmenbedingungen zu arrangieren, mit dem Milieu einer Großstadt, die dabei war, Weltstadt zu werden. Petra Wilhelmy-Dollinger sieht einen Verdienst der Salonièren der Spätzeit darin, die *„alte Salonkultur auf neue Verhältnisse übertragen zu haben"* [5]. Man könnte noch hinzufügen, sie haben es zumindest nach Kräften versucht.

Bis zur Mitte des 19. Jahrhunderts waren die Salons von bürgerlicher Schlichtheit und Gleichheit geprägt. Ab den 1860er Jahren verlagerte sich der Akzent *„in Richtung großbürgerlicher, aristokratischer, ja neofeudaler Repräsentation"* [6]: Statt Tee servierten die Gastgeber jetzt Champagner, statt Butterbroten kredenzten sie opulente Soupers und ließen ihre Gäste anschließend geistig unterernährt von dannen ziehen. Auch die Salonière Anna von Helmholtz kritisierte die „Unsitte" ausgedehnter Essen als *„Anzeichen für gesellige Unbeholfenheit, die zur Sicherung und Abstützung stets eines Eßtisches bedürfe"* [7]. Während in der „Rahel-Zeit" noch gesellschaftliche Außenseiterinnen in die Rolle von Salonièren schlüpfen konnten, standen die jetzigen Salonièren, selbst wenn sie Zugezogene waren, oft an der Spitze der Gesellschaft, nämlich an der Seite eines – meist politisch oder finanziell – einflussreichen Mannes. Der Salon war immer häufiger nicht allein das Reich einer Frau, sondern jenes eines Paares.

In den 1870er Jahren betrieben Bankiersfrauen so genannte Finanzsalons. Sie luden Künstler, Gelehrte und Diplomaten ebenfalls zu üppigen Gastmählern. Viele Chronisten hatten bei den Geselligkeiten ganz allgemein zunehmenden Luxus beobachtet, etwa Alexander von Gleichen-Russwurm: *„Diners traten an Stelle des gemütlichen Zusammenseins und große Abendgesellschaften lösten die ästhetischen Tees ab"* [8]. Während die einen anprangerten, das geistige Niveau der Gespräche habe unter den opulenten Mahlen gelitten, wird das von anderen verneint oder zumindest auf Gegenbeispiele hingewiesen. *„Warum sollte ein Gespräch sich witziger, gehaltvoller bei Hausmannskost als bei getrüffelter Pute und namhaften Weinen entwickeln?"* [9], gab die Schriftstellerin und Salonière Marie von Bunsen zu Bedenken. Dass das geistige Niveau gesunken ist, wird nicht nur am Essen gelegen haben. Aber es war sicher von Bedeutung, ob bei den Geselligkeiten das Essen oder das Gespräch im Mittelpunkt stand. Materiell ging es rasch aufwärts. Und geistig ging es bergab. Auch wenn die Salonièren im Einzelnen sehr gebildet und kultiviert waren und eine anspruchsvolle Geselligkeit betrieben – an das während der Rahel-Zeit erreichte geistig-kulturelle Niveau konnten sie nicht mehr anknüpfen.

Fanny Lewald (1811 – 1889)

Obwohl Fanny Lewald eine Frau ganz anderen Typs als ihre Vorgängerinnen war, kämpferisch und selbständig, so hat sie sich doch ihr ganzes Leben nach der Zeit der klassischen Berliner Salons, deren Geist und Ausstrahlung, gesehnt. Fanny Lewalds Vorbilder waren Rahel Varnhagen und Henriette Herz, der sie im hohen Alter noch persönlich begegnet war. Sie bewunderte deren klassische Salons und begab sich auf eine regelrechte Spurensuche. So wies sie auch in ihren *Lebenserinnerungen* auf Persönlichkeiten um 1800 zurück: *„Wie die Lebensläufe und Glücksgüter der Einzelnen auch verschieden gewesen waren, Eins besaßen sie Alle in gleichem Grade, so Männer als Frauen, jenes Wohlwollen und jene Duldsamkeit, welche das Kennzeichen vollendeter Bildung sind, jene höhere Menschenliebe, welche es erfahren hat, was man einander durch behutsame Rücksicht und eingehenden Antheil da zu leisten fähig ist, wo sonst keine Hülfe nöthig oder möglich ist. Sie waren menschliche Menschen, treue Freunde, freundliche Lebensgenossen, und bewegliche Geister und Gemüther. Darum fühlten selbst die Jüngsten sich wohl in ihrer Nähe."* [10]

Fanny Lewald.
Die umsichtige Kriterin.
Quelle:

Wie Rahel Varnhagen stammte Fanny Lewald aus einer jüdischen Kaufmannsfamilie und war zum evangelischen Glauben übergetreten, allerdings früher als Rahel, bereits mit siebzehn Jahren. Als die ledige junge Frau, die sich einer Vernunftheirat widersetzt hatte, von Königsberg nach Berlin zog, brachte sie schriftstellerische Erfahrungen mit und konnte bald als Autorin ihr eigenes Geld verdienen. Im Jahr 1845 lernte sie auf einer Italienreise den Schriftsteller und Kunsthistoriker Adolf Stahr kennen und heiratete ihn nach dessen Scheidung 1855.

Fanny Lewald verstand sich als Freidenkerin und setzte sich in ihren Schriften für die Rechte der Frauen auf Bildung und berufliche Ausbildung ein. Einer der Gäste in ihrem Salon war Wilhelm Adolf Lette, der 1866 den heute noch bestehenden *Verein zur Förderung der Erwerbstätigkeit des weiblichen Geschlechts*, kurz Lette-Verein genannt, gründete. Nicht nur bei ihr, sondern auch im Salon ihrer Mitstreiterin Lina Duncker (1825 – 1885) wurden Reformen zur Frauenbildung und –berufstätigkeit diskutiert. Und auch ihre „Kollegin" Anna von Helmholtz (1834 – 1899) engagierte sich für ein besseres Bildungswesen, insbesondere für die Ausbildung von Krankenpflegerinnen. Als erste Berliner Salonière setzte sie sich auch in gemeinnützigen Organisationen ein und gehörte ihren Vorständen an.

Fanny Lewalds Salon zählte zu den Neugründungen nach der Revolution von 1848 und erreichte Mitte der 1860er Jahre als einer der wichtigsten literarischen Salons in Berlin seinen Höhepunkt. Es handelte sich dabei um eine gemischte Geselligkeit aus Beamten, Politikern, Gelehrten und Künstlern. Auch der junge Ernst Haeckel verkehrte in diesem Kreis, in dem die neusten Theorien über die Evolution des Menschen diskutiert wurden. Zu ihren Freunden gehörten weiter Heinrich Heine, Franz Liszt, Karl August Varnhagen von Ense und Ferdinand Lassalle.

Fanny Lewald hat ihre Zeit wie kaum eine andere unter die Lupe genommen und scharf kritisiert. Es fehle nicht an Geist, sondern an Liebe und Anteilnahme, schrieb sie. Die Gesellschaft sei egoistischer geworden. Die Menschen wollten empfangen und nicht leisten, sie wollten sich unterhalten lassen und nicht unterhalten. An den Salons kritisierte sie, man wolle mit berühmten Namen auf der Gästeliste imponieren und frage nicht weiter, ob man sich bei ihnen gelangweilt habe, ob *„die Wirthe selbst mehr davon tragen, als die Befriedigung einer leeren Eitelkeit und das Bewußtsein, die Sache nun glücklich überstanden zu haben“*. Die Menschen seien Sklaven der Autorität geworden, sie hätten verlernt, selbst zu denken, selbst zu suchen und das Geistige zu entdecken, wo es sich zu regen beginne, ja es auch nur da zu erkennen, wo es sich bereits entfaltet habe.[11] Auch wenn es Menschen von großer Bildung und Begabung gebe, fährt sie in ihren Erinnerungen fort, die *„meisten unter uns wollen nicht säen, nicht pflegen, sondern nur erndten, und zwar in einer Weise erndten, welche oft weniger darauf berechnet ist, uns satt, als Dritten einen Eindruck zu machen“*.[12]

Immer wieder hat sich Fanny Lewald gefragt, wie den Menschen vor ihnen das gelingen konnte, was sie selbst offensichtlich nicht zustande brachten. Was unterschied die damalige Gesellschaft von der eigenen? Alle beklagten den veränderten Geist, schrieb sie. Der Geist der Zeit sei dafür verantwortlich. Dieses Argument wies Fanny Lewald entschieden zurück. Der so genannte veränderte Geist sei ein ebenso *„bequem erfundenes Abstraktum“* wie der *„Geist der Weltgeschichte, der überall da in Scene gesetzt wird, wo die Menschen ihre Schuldigkeit nicht thun. Jeder Einzelne von uns hilft die Gesellschaft machen, jeder Einzelne von uns trägt also seinen Theil von Schuld an ihren Uebelständen.“* [13] Noch im Alter, nach dem Tod ihres Mannes, hat Fanny Lewald den Versuch fortgesetzt, einen Salon nach dem Vorbild von Rahel Varnhagen und Henriette Herz zu führen. Sie wollte es zumindest nicht unversucht lassen.

Sabine Lepsius (1864 – 1942)

Aufschluss über die Probleme der Spätzeit gibt der Salon der Malerin Sabine Lepsius, den sie in den 1890er Jahren gründete. Zunächst war sie sehr zuversichtlich. *„Eine Insel hatten wir uns geschaffen, und sie zog eine ganze Schar an aus allen Kreisen der Berliner Gesellschaft, vom armen Künstler bis zur Hochfinanz."* [14] Im Jahre 1892 hatte sie den Maler-Kollegen Reinhold Lepsius geheiratet, der über eine gewisse Erfahrung mit salonartigen Geselligkeiten verfügte. Schon seine Mutter Elisabeth, die Frau des Ägyptologen Richard Lepsius, hatte einen Salon geführt. Zu den Gästen des Maler-Paares zählten Musiker, Literaten und Wissenschaftler, darunter die Philosophen Georg Simmel und Wilhelm Dilthey, der Schriftsteller Stefan George, der Jugendstil-Architekt August Endell und der Dichter Rainer Maria Rilke. Die anwesenden Frauen waren berufstätige Malerinnen, Schriftstellerinnen und Übersetzerinnen. Der Salon war vor allem für seine Exklusivität und seine Gespräche auf hohem Niveau bekannt. Hier setzten sich Experten mit Experten auseinander und verliehen dem Salon-Ton eine gewisse Schwere, wie immer, wenn Fachleute oder sogar Konkurrenten untereinander diskutieren, die ihren Berufsalltag nicht hinter sich lassen wollen oder können.

Mit Stefan George verband Sabine Lepsius eine besondere Freundschaft. Sie verehrte den Dichter. Und gerade das wurde ihr und damit dem Salon zum Verhängnis. Stefan George träumte von einer *„inneren Geselligkeit"* und versuchte, sein Ideal im Salon Lepsius zu verwirklichen. Die erste Lesung des Dichters in ihrem Salon, der auch Rilke und Lou Andreas-Salomé beiwohnten, sollen viele Zuhörer als *„fast mystisch zu nennendes Erlebnis"* empfunden haben. George bevorzugte es später, nur Gleichgesinnte, Menschen, die ihn uneingeschränkt verehrten, um sich versammeln. Aber schon aus dieser Salongesellschaft wurde eine *„andächtige Gemeinde"*. Marie von Bunsen verglich sie sogar mit einer *„Mysteriengrotte"* [15]. Wer sich nicht ausschließlich positiv zu Georges Darbietungen äußerte, war nicht länger willkommen. George forderte Gefolgschaft und das konnte ihm auch Sabine Lepsius in dieser Form nicht gewähren. Die Autoritätsansprüche Stefan Georges widersprachen dem Prinzip freier Salongeselligkeit und wo das Element des *„Zwanglosen und Freien und Toleranten in einem Salon fehlte oder abstarb, degenerierte er schnell zu einem Zweckverband oder zur Sekte."* [16] So wenig, wie mit dem Salon-Prinzip ein übersteigerter Individualismus vereinbar war, so wenig vereinbar war damit Gleichgültigkeit. Salonkultur verlangt nach Gleichen unter Gleichen im Sinne persönlicher Stärke, sie verlangt nach einem Ausgleich von Geben und Nehmen.

Sabine Lepsius muss sich über die Schwierigkeiten der Salonkultur als solcher im Klaren gewesen sein, denn im Jahr 1913 setzte sie sich in dem Aufsatz *Über das Aussterben der „Salons"* ausführlich mit deren Niedergang auseinander. Auch sie widerspricht den gängigen Erklärungen, es liege am Zeitmangel und an der Ausdehnung der Städte: *„Als ob es überhaupt für das Schwinden eines geistigen Wertes eine mechanische Veranlassung geben könnte!"* [17] Sie sieht weniger äußere Ursachen verantwortlich als vielmehr innere. Lepsius machte das an der Sprachkultur fest, am Verlust der Gesprächskunst. Sie sei einem *„Gesprächsegoismus"* gewichen. Zeichen dafür sah sie in der Unsicherheit bei der passenden Anrede, in mangelnder Höflichkeit, in der Unfähigkeit zuzuhören und der Unart, Gesprächspartner zu unterbrechen.[18] *„Der einzige Grund für alle Unkultur ist das tägliche Bemühen der führenden Schicht, anstelle der* Tradition, *die sie verhöhnen, die* Sensation *setzen zu wollen."* [19]

Auch wenn Sabine Lepsius und Fanny Lewald zunächst innere, auf den einzelnen Menschen bezogene Schwierigkeiten benannten, gab es auch äußere Einflüsse, die zum Schwinden der Salons beitrugen. Diese waren so stark, dass es selbst äußerst engagierten Salonièren nicht gelang, den Verfall aufzuhalten. Während die Menschen des 18. Jahrhunderts noch über einen recht einheitlichen Bildungskanon verfügt hatten, war das aufgrund des enormen Wissenszuwachses und des zunehmenden Spezialistentums am Ende des 19. Jahrhunderts schon nicht mehr der Fall. Die *„Bildungswelt wurde fragmentarisch und pluralistisch"* [20]. Eine gemeinsame Basis für Gespräche zu finden und die Gäste im Salon harmonisch zu vereinen, wurde immer schwieriger. Hinzu kam, dass sich die Gesellschaft immer stärker in Form von Verbänden und Vereinen institutionalisierte, eine Entwicklung, die dem Verständnis der Salons von zweckfreier, spontaner Geselligkeit zuwider lief.

Ab 1890 ging folglich die Zahl der Salon-Neugründungen stark zurück. Wenn es auch noch vereinzelte Salons gab, eine weitere Salonièren-Generation trat nach 1900 nicht mehr in Erscheinung. Die Salons verloren ihren exklusiven Status an andere gesellige Veranstaltungen und Bildungsangebote und ein Frauen förderndes Vereinswesen. Der Kulturbetrieb als solcher wurde ausgebaut, die Zahl der Gaststätten und Cafés stieg. Im Zuge der veränderten modernen Arbeitswelt veränderte sich auch der Lebensstil. Als Ausgleich zu ihrem Berufsalltag suchten die Menschen Ablenkung im Großstadttrubel. Sie suchten Zerstreuung statt Sammlung. Die rasante Entwicklung der Technik übte eine weit größere Faszination aus als die Werte der alten Kultur. Man entdeckte nun „Freizeitmöglichkeiten“, das Reisen, den Körperkult und den Sport.

Doch es lag nicht nur am Geist der Zeit, sondern auch an den Alternativen, die sich den Salonièren selbst boten. Einen Salon zu führen war zeitaufwändig. Es verlangte kontinuierliche oder zumindest regelmäßige Präsenz am eigenen Ort. Je mehr Fortschritte die Frauen bei ihrer eigenen Bildung und Ausbildung machten, desto mehr verlor der Salon seine Funktion für ihre Emanzipation.

Äußere Umstände wie der Erste Weltkrieg und die Weltwirtschaftskrise haben den Niedergang der Salons zusätzlich beschleunigt, aber nicht verursacht. *„Man kann ohne Übertreibung behaupten“*, resümiert Petra Wilhelmy-Dollinger, *„das Ende der Salonkultur sei nicht so sehr von den veränderten bzw. sich verändernden allgemeinen Strukturen und Rahmenbedingungen um und nach 1914 verursacht worden, als vielmehr und entscheidend durch die Optionen der Frauen selbst, welche durch diese Rahmenbedingungen andere z. T. erheblich bessere Chancen der Selbstverwirklichung wahrnehmen konnten und den Salon als ihr ‚Fenster zur Welt‘ nicht mehr brauchten.“* [21]

In den 1920er Jahren versuchten einzelne Frauen noch einmal, an die Tradition anzuknüpfen. Der berühmteste Salon dieser Zeit war der von Helene von Nostitz-Wallwitz (1878 – 1944), einer hochgebildeten und weltgewandten Frau, die u. a. mit Auguste Rodin, Hugo von Hofmannsthal und Rainer Maria Rilke befreundet war. In Wien hielt die Journalistin Berta Zuckerkandl (1864 – 1945) einen Salon als Treffpunkt von Künstlern und Literaten aufrecht: Sie hatte mit ihrer unkonventionellen Geisteshaltung die Entstehung des Jugendstils forciert. Später vernachlässigte sie die Kultur zugunsten der Politik. Ihr persönliches Engagement gefährdete sie so stark, dass sie 1938 aus Österreich fliehen musste. Als eine der letzten Pariser Blüten gilt der Salon von Natalie Clifford Barney (1876 – 1972). In ihren Räumen am Ufer der Seine empfing sie viele europäische Literaten, darunter André Gide, Rainer Maria Rilke, Gertrude Stein sowie Isadora Duncan. Ihre Geselligkeit konnte sie bis in die 1960er Jahre aufrechterhalten.

Die Salonkultur befand sich in Konkurrenz zu anderen Varianten der Geselligkeit, etwa Kultursoireen oder Literaturabenden in Kombination mit einem Dinner. Diese passten sich mit ihrem organisierten Programm an einem einmaligen Termin leichter in die Kalender der Vielbeschäftigten ein als ein regelmäßiger *jour fixe*, der seinen Besuchern jedes Mal auch vollen geistigen Einsatz abverlangte. Nach dem Zweiten Weltkrieg waren so gut wie alle Salons erloschen. Um ihre exponierte Stellung hatten die Salonièren schon länger vergeblich gekämpft.

Nicht zu unterschätzen ist zudem die Bedeutung der Massenmedien. Die Innovationen auf audiovisuellem Gebiet erlaubten die schnelle Verbreitung von Informationen mit enormer Reichweite. Die Rolle der Meinungsbildung übernahmen Feuilletons, Radioprogramme und Kulturmagazine der öffentlich-rechtlichen Fernsehsender. Das über der Salonkultur stehende Ideal der Persönlichkeitsentwicklung und Potenzialentfaltung jedes Einzelnen hatte unter den veränderten Rahmenbedingungen der Massengesellschaft kaum mehr die Möglichkeit, zum Kultur prägenden Faktor zu werden.

---

1 Wilhelmy-Dollinger, 168.
2 Rodenberg, Julius, zitiert in: Wilhelmy-Dollinger, 169.
3 Wilhelmy-Dollinger, 187.
4 Ebd., 243.
5 Ebd., 243.
6 Ebd., 244.
7 Ebd., 284.
8 Ebd., 315.
9 Ebd., 315.
10 Lewald, 95 – 127.
11 Ebd., 95 – 127.
12 Ebd., 95 – 127.
13 Ebd., 95 – 127.
14 Wilhelmy-Dollinger, 357.
15 Ebd., 360.
16 Ebd., 5.
17 Lepsius, zitiert in: Simanowski, 20.
18 Lepsius, zitiert in: Wilhelmy-Dollinger, 376.
19 Lepsius, zitiert in: Simanowski, 20.
20 Wilhelmy-Dollinger, 16.
21 Dollinger, zitiert in: Simanowski, 19.

5 Fazit und Ausblick

In der Geschichte der europäischen Kultur spielten die Salons eine wichtige Rolle. Vor allem den Frauen eröffneten sie soziale und kulturelle Freiräume. Über den Weg der Bildung erwarben sie sich nicht nur Achtung und Anerkennung, sondern ebneten sich auch einen Weg in Berufstätigkeit und Unabhängigkeit. Des Weiteren entwickelten sich die Salons zu Orten der Emanzipation von Bürgerinnen und Bürgern gegenüber dem Adelsstand. Hier bereiteten sie eine Gesellschaft vor, in welcher das gebildete Bürgertum das öffentliche Leben zu formen begann. Nicht nur Adelige und Bürgerliche trafen sich im Salon, sondern auch Freigeister und Klerikale sowie Juden und Christen. In diesem sozialen Schutzraum erprobten sie neue Formen gesellschaftlichen Miteinanders. Dichtern und Denkern dienten die Salons als Resonanzböden. Sie beschleunigten den geistigen Stoffwechsel und halfen, das Gesicht einer Epoche zu prägen. Darüber hinaus leisteten die Salons einen Beitrag zum internationalen Kulturtransfer und zur Entstehung eines europäischen Bewusstseins.

Trotz ihrer einmaligen soziokulturellen Bedeutung sind die Salons verschwunden. Gründe dafür sind vor allem in Funktionsverschiebungen und -verlusten zu finden, die mit gesamtgesellschaftlichen Veränderungen zusammenhängen. Die Funktion der Frauenbildung und -emanzipation wurde hinfällig, als die Frauen berufstätig wurden, studierten und sich publizistisch betätigten. Die Funktion der Informationsverbreitung und Vernetzung übernahmen Presse, Hörfunk, Fernsehen und Internet. Die Funktion außeruniversitärer Erwachsenenbildung wechselte zu Vereinen, Volkshochschulen, kirchlichen Bildungshäusern, Stiftungen etc. Die Funktion des geistigen Austauschs ging an öffentliche und halböffentliche Foren und Podien. Den Kulturschaffenden boten sich Bühnen mit weit größerer Reichweite als die Salons: Medial übertragene Talkshows und Diskussionen, Lesungen, Kultursoirées, Vernissagen, Galerien etc. Die Salons wichen den Vorlieben einer anderen Zeit.

5.1 Salons im 21. Jahrhundert?

Vor diesem Hintergrund überrascht es, dass die Salons bzw. Veranstaltungen und Orte, die diesen Namen tragen, in den 1990er Jahren wieder entstanden sind. Sogar im virtuellen Raum lassen sich heute Salons finden. Es finden sich Internet-Auftritte und Online-Magazine, die sich als Salons bzw. als Salon-Magazin bezeichnen.[1] Nach Zeitung und Fernsehen haben die so genannten Neuen Medien Funktionen der Salons übernommen: Meinungsbildung, Informationsverbreitung und Vernetzung mit Hilfe digitaler sozialer Netzwerke wie Twitter, Youtube, Facebook, Xing und StudiVZ. Internationalität vollzieht sich zunehmend als Inter*net*ionalität.[2]

Professionelle Kulturmanager, Kommunikations- und Marketingfachleute haben entdeckt, dass sich mit Salons ein bildungsbürgerliches Publikum gewinnen lässt. Sie etikettieren kulturelle Veranstaltungen im öffentlichen Raum als Salons und vermarkten sie entsprechend. *„In unserer heutigen Zeit haben wir keine Probleme, Informationen zu erhalten, ganz im Gegenteil, wir werden häufig damit überflutet. Doch was fehlt, sind wirkliche Gespräche mit einem persönlichen Gegenüber"*. Die Aussage stammt nicht etwa von einer Salonière, sondern von dem Unternehmen *SalonConcept – Agentur für Eventkultur.* Es veranstaltet *„Salons in eigenem Namen und im Auftrag"*, übernimmt die *„Planung und Organisation von A – Z"* sowie *„sämtliche Pressearbeit"*.[3] Dies ist keine Ausnahme. Wo Image und Steigerung des eigenen „Marktwertes" großgeschrieben werden, konkurriert man gern um die *„interessantesten Themen, die prominentesten Redner und die größte Ansammlung von Prominenten. Profil ist gefragt, Ausstrahlung, Kommunikationstalent"* [4]. Öffentliche Lesungen, Literaturabende und Talkrunden werden auch in der Regionalpresse als *Literarische Salons* oder als *Kultursalons* beworben.[5] Geschäftsleute entdecken, dass es *„einen Markt für solche Abende"* gibt, etwa Martin Bösinger, der in seinem Charlottenburger Laden den „Kulinarischen Salon" unterhält und beabsichtigt, ihn mit Debattierabenden zu erweitern.[6]

Wer das „Slomo", den diskreten Popkultursalon der Generation 30plus, besuchen will, ist auf gute Kontakte angewiesen. *„Weil es nur ein paar Mitwisser gibt, entsteht eine Intimität in der Großstadt"*, erklärt Jan Kricheldorf das Prinzip. 1999 hatte er das *Slomo* mit Freunden gegründet, als eine Art *„verlängertes Wohnzimmer für Universaldilettanten"*. Der Eingang befindet sich in der Schönhauser Allee – wo genau, wissen nur Eingeweihte. Zweimal die Woche verwandelt sich die Altbauwohnung für bis zu hundert Gäste zunächst in ein Restaurant, dann in eine Kulturbühne und anschließend in eine Partylounge. Es sollen auch Regisseure und Schauspieler unter den Besuchern sein.[7]

Das Juristen-Ehepaar Wolf und Silke Albin empfängt regelmäßig bis zu zwanzig Gäste in den eigenen vier Wänden, darunter Politiker, Anwälte, Ärzte und Journalisten. Der Zugang zum äußerst privaten „Bötzowkreis" im Berliner Stadtteil Prenzlauer Berg läuft ausschließlich über persönliche

Einladungen der Gastgeber. An der Öffentlichkeit sind weder Gastgeber noch Gäste interessiert, im Gegenteil. Sie wollen in diesem geschützten Rahmen auch gewagte politische Thesen diskutieren und sie von verschiedenen Seiten beleuchten. Dabei vertrauen sie darauf, dass das Besprochene diskret behandelt wird.[8]

Neben Geselligkeiten wie diesen sind um die Wende zum 21. Jahrhundert auch andere aufgekeimt. In Privaträumen treffen sich Gleichgesinnte, um das wieder erwachte Bedürfnis nach geistigem Austausch zu stillen. Im Jahr 2000 kam der damals 29jährige Tobias Buschbeck auf die Idee, einen Salon ins Leben zu rufen, weil er die Uni-Atmosphäre vermisste. Von da ab trafen sich ein Mal im Monat Freunde und deren Begleiter in seinem Wohnzimmer, um Vorträge zu halten und sich anschließend darüber auszutauschen. Profitiert hätten davon alle, sagte Buschbeck. Wem ein größerer öffentlicher Vortrag bevorstünde, hätte so im kleinen Kreis auch mal einen Testlauf machen können. In der Salonkultur des 19. Jahrhunderts sah Buschbeck zwar einen Anfang, aber kein Vorbild mehr, das sich auf die heutige Zeit anwenden ließe.[9]

Die wachsende Salonszene Berlins wurde im Jahr 1999 von Cornelia Saxe dokumentiert. Sie erkannte in ihr ein *„lebendiges und auch flüchtiges Phänomen, das von ständigen Neugründungen und Niedergängen geprägt“* [10] ist. Nach der Wiedervereinigung waren viele Menschen in die Hauptstadt gezogen und wollten einander kennen lernen. So stieß Cornelia Saxe neben den professionell geführten und als Event organisierten Salons vor allem auf privat initiierte Salons mit besonderen Schwerpunkten: Literarische, kulinarische, akademische und politische Salons, Kunst-, Frauen-, Schwulen- und Lesbensalons sowie solche unter männlicher Führung. Statt nüchterner Veranstaltungen waren Saxe zufolge vermehrt private oder halb-öffentliche Gesprächskreise gefragt.[11] Als Motiv fand sie die *„Sehnsucht nach etwas Kostbarem“*, welche sich in dem *„Bedürfnis nach Begegnung und Austausch“* zeige; die Salons seien *„Ausdruck für den Wunsch nach inszenierten Gegenwelten“*. Aus gefühlter sozialer und kommunikativer Leere heraus entwerfe man kommunikative *„Gegenöffentlichkeiten“*.[12]

Geselligkeiten, die sich selbst als Salons bezeichnen, entstehen keineswegs nur in der Hauptstadt. Sie finden sich auch in anderen Städten wie München, Hamburg, Düsseldorf oder Dresden. Viele Veranstalter unterhalten dafür eine eigene Homepage, auf der sie sich und ihre Veranstaltungen bekannt machen, z. B. die „Salongesellschaft“ in Eltville im Rheingau.

Christiane Nägler und Beate Hiller, hauptberuflich als Marketing- und Literaturexpertin tätig, haben sie 2004 mit der Intention gegründet, die klassische Salontradition im modernen Gewand wiederzubeleben. Jeden zweiten Mittwoch laden sie zum „Salon im Fachwerk". Als Zugpferde dienen den beiden Frauen bekannte Referenten. Mit ihren Salonabenden träfen sie *„den Nerv der Zeit"*, erklären sie. Die Sehnsucht nach gepflegten Gesprächen in einem stilvollen Ambiente sei altersübergreifend und berufsunabhängig. Einen elitären Zirkel zu bilden, liege ihnen allerdings fern: Willkommen seien Menschen mit Geist und Persönlichkeit, mit Interesse an neuen Themen und anderen Meinungen. Auf ihrer Internetseite verweisen die *„Salonlöwinnen"* zudem auf den Salon der Marquise de Rambouillet: Er sei ein *„Lichtblick für den gesellschaftlichen Gedankenaustausch Europas"* gewesen, während ihr eigener Salon in der heutigen Zeit *„ein Lichtblick im Meer der modernen Kommunikation"* sei. Zu den Abenden ist jeder eingeladen: *„Mit Ihnen, liebe Salongäste, heben wir einmal im Monat im Geiste die Welt aus den Angeln und pflegen die geistvolle Konversation."* Der Eintritt kostet etwas.[13]

Ein etwas anderes Konzept liegt dem „Salon Hamburg" zugrunde, der sich als „'entstaubte' Variante" eines Salons versteht. Maike Schäfer entwickelte mit ein paar Freundinnen die Idee regelmäßiger Frauentreffen. Der feste Kern besteht aus rund siebzig persönlich eingeladenen Hanseatinnen. Vier bis sechs Mal pro Jahr verabreden sie sich an unterschiedlichen Orten, z. B. im Marmorsaal des Schauspielhauses Hamburg. Die Gäste erwartet ein wechselndes kulturelles Programm – Lesungen, Vorträge, Diskussionen, Theaterstücke, Atelierbesuche. „Der private Charakter ist mir wichtig", erklärt Maike Schäfer, ehemalige Managerin im Marketingbereich. Es handele sich um ein Frauen-Netzwerk mit Spaß an gemeinsamen Kontakten, spannenden Vorträgen und Diskussionen. Die Kosten der Treffen werden in Form von Mitgliedsbeiträgen abgedeckt.[14]

Stefan Heinemann in Dresden empfängt ebenfalls gerne Gäste. Der Rechtsanwalt, Kunsthistoriker und Musikwissenschaftler gilt als Grandseigneur der bürgerlichen Gesellschaft Dresdens. Regelmäßig lädt der ehemalige Mönchengladbacher in seine Villa am Elbufer, in das „haus h", ein. Dann ertönt im konzertsaaltauglichen Wohnzimmer Kammermusik. Künstler und Kuratoren stellen Werke aus ihren Sammlungen vor. Die Einladungen erfolgen auf Papier, unterschrieben mit Tinte. Als Heinemann vor Jahren gefragt wurde, ob er eigentlich wisse, dass er den ersten Salon Dresdens führe, soll er ungläubig geschaut und geantwortet haben: *„Wat? Dat is kein Salon!"* Er hat ihn zumindest nicht so genannt.[15]

Auch wenn sich die Aufzählung lange fortsetzen ließe, zeigen die wenigen oben genannten Beispiele bereits, wie heterogen das Phänomen der gegenwärtigen Salonszene ist: Nicht wie bisher nur Frauen, sondern auch Männer, sogar Unternehmen und Kulturinstitutionen veranstalten Salons. Sie stehen meist jedem offen und kosten oft Eintritt. Die Veranstaltungen finden sowohl in privaten Räumen als auch an öffentlichen Orten statt. Ihre Initiatoren betreiben professionelle Werbung und geben die Termine in der Presse oder im Internet bekannt. Die Anwesenden teilen sich auf in Darsteller und Publikum, in Anbieter und Konsumenten – wie bei anderen Kulturveranstaltungen auch.

Wenn man die anfangs genannten zehn historisch-phänomenologischen Kriterien für Salons zugrunde legt, handelt es sich bei den gegenwärtig als Salon bezeichneten Veranstaltungen nur in Ausnahmen um salonähnliche Geselligkeiten. Sie werden vielmehr als Bühnen genutzt, die einem Interesse außerhalb von zweckfreier Geselligkeit unter Gleichgesinnten geschuldet sind. Ist *Salon* für dieses neue soziokulturelle Phänomen, das den historisch hergeleiteten Kriterien nicht mehr standhält, also ein unpassender Begriff, der dennoch zieht, weil er Sehnsüchte bedient? Handelt es sich dabei vielleicht um etwas Neues, das einen traditionsreichen und mit Faszination verbundenen Begriff reaktiviert, um sich eine größere Bedeutung zu geben? Ist die Rede von der Renaissance der Salonkultur unter diesen Umständen überhaupt haltbar?

Es ist zu vermuten, dass die Zahl von Salons bzw. von mit ihnen verwandten Geselligkeiten in Privathäusern heute höher liegt als statistisch nachweisbar. Dafür spricht auch die Tatsache, dass längst nicht alle das Salon-Prädikat für sich zu beanspruchen, sondern es im Gegenteil sogar meiden. Stattdessen tragen diese Geselligkeiten unprätentiöse Namen wie Zirkel oder Kreise und machen weder durch Extravaganz, prominente Gäste oder bekannte Intellektuelle von sich reden. Gründe dafür mögen einerseits in der Neigung zum Understatement und andererseits in einer realistisch-bescheidenen Selbsteinschätzung liegen. Es sind Geselligkeiten mit Bildungscharakter, die keinen Zweck außerhalb ihrer selbst suchen.

Handelt es sich dabei bloß um Orte der Freizeitgestaltung oder könnten sie einen Beitrag zu eigenverantwortlicher Weiterbildung leisten, indem sie die Entfaltung des Einzelnen fördern und ihm seinen Wert bewusst machen? Könnten Salons und damit verwandte Geselligkeiten vielleicht staatliche Bildungs- und Erziehungssysteme dort ergänzen, wo diese an ihre Grenzen kommen? Sind sie als Relikte aus einer vergangenen Zeit zu werten oder zeigen sich darin Vorboten einer sich erneuernden Kultur?

5.1 Sprachpflegende und bildende Geselligkeit als Modell mit Zukunft

Aufschlussreich für die Beantwortung dieser Fragen ist der Blick auf die eingangs beschriebene Triade **Geselligkeit**, **Bildung** und **Sprache**, welche die substantielle Basis von Salons bzw. vergleichbaren Geselligkeiten bilden. Ziel ist dabei keineswegs, die Salon-Vergangenheit als solche zu idealisieren; schließlich kennt die Geschichte misslungene und karikierende Beispiele zuhauf. Vielmehr soll an gelungene Beispiele und Aspekte angeknüpft werden, die sich dem Salon-Ideal möglichst weit annähern.

Sprache Seit ihrer Wiege in der Renaissance galten die Salons als Orte, an denen Sprache gepflegt und verfeinert wurde. Man versuchte, die eigene Ausdrucksfähigkeit im Austausch mit anderen zu verbessern und seinen Umgangston zu veredeln. Die Poesie spielte eine besondere Rolle. Es wurde gemeinsam aus literarischen Werken gelesen, man spielte Theaterstücke und übte sich in der Kunst des Gesprächs. Besonders verdient machte sich diesbezüglich Madame de Rambouillet zu Beginn des 17. Jahrhunderts. Die Liebe zur Sprache war ein Charakteristikum der französischen Salons. Dichter und Denker erbrachten kulturelle Höchstleistungen – auch durch die Entfaltung ihrer enormen sprachlichen Wendigkeit. In Deutschland hatte sich von den Salonièren vor allem Rahel Varnhagen der Sprache verschrieben. Damit war sie ganz Kind ihrer Zeit, in der Moses Mendelssohn der Sprache eine bedeutende Rolle zugewiesen hatte: *„Eine Sprache erlanget* Aufklärung *durch die Wissenschaften und erlanget* Kultur *durch gesellschaftlichen Umgang, Poesie und Beredsamkeit. Durch jene wird sie geschickter zu theoretischem, durch diese zu praktischem Gebrauche. Beides zusammen gibt einer Sprache die* Bildung. *(...) Die Griechen hatten beides, Kultur und Aufklärung. Sie waren eine* gebildete *Nation, so wie ihre Sprache eine* gebildete *Sprache ist. – Überhaupt ist die Sprache eines Volkes die beste Anzeige seiner Bildung."* [16] Über die *Sprache* findet der Mensch Zugang zur Welt. Seine Sprache ermöglicht ihm, diese zu deuten und zu seiner besonderen Welt-Sicht zu finden. Wilhelm von Humboldt beschreibt dies so: *„Durch denselben Akt, vermöge dessen er (der Mensch) die Sprache aus sich herausspinnt, spinnt er sich in dieselbe ein."* [17] An den Sprachfäden entlang strukturiert und erbaut sich der Mensch sowohl seine innere als auch seine äußere Welt. Wie seine Sprache – undifferenziert oder fein gegliedert, verschwommen oder klar artikuliert, unverbindlich dahin geschwätzt oder verantwortlich ausgesprochen – so sieht auch die Welt des Menschen aus, erklärt der Philosoph und Pädagoge Otto Friedrich Bollnow. Wegen ihrer *„fundamentalen Bedeutung für den Aufbau der geistigen Welt"* müssten *„sprachliche Leistungen"* deshalb unermüdlich trainiert werden.[18]

„Ist Deutsch noch zu retten?" fragte Ulrich Greiner im Sommer 2010 in der Wochenzeitschrift *DIE ZEIT*. Der Journalist beklagte die Tatsache, dass Teile der deutschen Bildungselite die Landessprache nicht mehr pflegen wollten und stattdessen auf Englisch kommunizieren, referieren und publizieren. Was für Wirtschaft, Wissenschaft und Politik von Nutzen sei, sei für die Menschen, welche Sprache als Mittel zur Erkenntnis gebrauchten, ein Verlust, auch an Sprachheimat. Die Eliten verhielten sich unverantwortlich, denn der Zustand einer Sprache hänge am meisten von jenen ab, die Macht und Einfluss hätten. An ihrem Sprachverhalten richteten sich jene aus, die unten seien und nach oben wollten.[19] Im öffentlichen Leben hat die deutsche Sprache bereits an Einfluss verloren. Nicht nur quantitativ, sondern auch qualitativ ist es um das Deutsche nicht gut bestellt. Bildungsexperten beklagen Bläh-, Beamten- und Jugendsprache, Anglizismen, falsche Grammatik und mangelhaften Wortschatz. Horst Dieter Schlosser, Germanist an der Universität Frankfurt am Main, moniert, in den heutigen Familien werde nicht mehr gesprochen, sondern nur noch kommuniziert. Immer weniger junge Deutsche beherrschten ihre Muttersprache umfassend. Der Mangel an Sprachkompetenz ist für die Experten erschreckend. Kaum einer könne sich heute noch präzise und deutlich ausdrücken.[20]

In seinem Buch *Draußen nur Kännchen* zitiert Asfa-Wossen Asserate eine der schönsten Liebeserklärungen an das Deutsche aus der Feder des argentinischen Dichters Jorge Luis Borges *Ode an die deutsche Sprache*: *„(...) Du Sprache Deutschlands, bist dein größtes Werk: die verflochtenen Liebschaften zusammengesetzter Wörter, offene Vokale und Laute, die noch den beflissenen Hexameter möglich machen, und dein Raunen von Wäldern und von Nächten..."*. Wenige Zeilen später erklärt der aus Äthiopien stammende polyglotte Autor, er kenne kaum eine Nation, welche die eigene Sprache so nachlässig behandle, wie die deutsche.[21] Verwunderlich ist das nicht. Schließlich wurde die deutsche Sprache von Seiten der Nationalsozialisten reichlich überstrapaziert und verhunzt. Vielleicht ist sie auch deshalb so offen für anbiedernde Anglizismen.

Wer sich hin und wieder daran erinnern will, zu welcher Strahlkraft sich die deutsche Sprache empor zu schwingen vermag, dem sei die Lektüre von Dichtern wie Paul Celan, Friedrich Hölderlin und vor allem Rainer Maria Rilke nahe gelegt. Rilke, der *„Bildhauer der Sprache, ein Graveur, der härtestes Sprach-Gestein bearbeitet"* und der *„Sätze wie Gebinde aus seltenen Blumen"* flocht, hat Denken und Schreiben als allgemeines Erziehungsziel empfohlen.[22] Sprachschulung als Nährmutter von Erkenntnis und Bildung? Und umgekehrt Geringschätzung und Verkümmerung von (Mutter-)Sprache als Verlust des Zugangs zur Sprache als solcher und damit der Denk- und Deutungsfähigkeit?

Bildung Von Anfang an förderte und forderte die Salonkultur das Bild vom geistigen Adel und damit die Epochen prägenden Bildungsideale: Wissen und Reflektieren auf der Basis einer gemeinsamen Bildungsvorstellung. Bildung umfasste demnach Wissen, aber auch Herzensbildung und soziale Kompetenzen wie Höflichkeit und Taktgefühl. Bildung galt als Eintrittskarte zum Salon, nämlich Voraussetzung für das dortige Miteinander; der Salon wiederum ermöglichte einen Zuwachs an Bildung. Im 18. Jahrhundert, dem pädagogischen Jahrhundert, avancierte Bildung mehr und mehr zum Kriterium sozialer Unterscheidung. Gelehrte wie Friedrich Schleiermacher und Wilhelm von Humboldt befassten sich dann mit der Bildungsfrage im Wechselspiel von Individuum und Gesellschaft.
Zur praktischen Anschauung für ihre Geselligkeits- und Bildungstheorien dienten ihnen die Berliner Salons, vor allem der Salon von Henriette Herz. Die „Gebildeten" formierten eine neue soziale Gruppe, die sich über die Teilhabe an einer gemeinsamen Kultur mit ihren Werten und Zielen, Kommunikationsformen und Verhaltensnormen definierte.[23] Bereits in den Pariser Salons des 18. Jahrhunderts hat sich gezeigt: Der Machtzuwachs der Bürger gegenüber dem Adel erfolgte letztlich durch den Zuwachs ihrer Bildung. In der Bildung liegt Macht, bis heute.

Im 20. Jahrhundert wurde Bildung unter den Bedingungen moderner Kulturindustrie und Massenmedien eingeschränkt, Theodor W. Adorno zufolge zu *„sozialisierter Halbbildung"* und *„Allgegenwart des entfremdeten Geistes"*.[24] Nach Adorno genügt es eben nicht, ein Buch gelesen zu haben, man müsse auch die systematischen und historischen Kontexte hinzuziehen, um angemessen zu verstehen. *„Das Halbverstandene und Halberfahrene ist nicht die Vorstufe der Bildung, sondern ihr Todfeind."* [25] Adornos *Theorie der Halbbildung* führt der Wiener Philosoph Konrad Paul Liessmann noch einen Schritt weiter. Der gegenwärtigen Epoche spricht er jede normative Idee von Bildung ab. Wo eine solche fehle, könne es auch keine an sie anknüpfende Halbbildung geben. Liessmann bezeichnet die Gegenwart deshalb provokativ als Zeitalter der *Unbildung*: *„Unbildung meint dabei nicht schlichte Abwesenheit von Wissen, auch nicht eine bestimmte Form von Unkultiviertheit (...) Unbildung heute ist weder individuelles Versagen noch Resultat einer verfehlten Bildungsbildung: Sie ist unser aller Schicksal, weil sie die notwendige Konsequenz der Kapitalisierung des Geistes ist.“* [26]

In der Tat ist die so genannte Bildungskrise eine der großen Herausforderungen der Gegenwart und beginnt schon bei den Kleinsten. Viele Kinder gehen heute nicht gerne in die Schule, sondern fiebern dem Ende der Schulzeit entgegen. Das heutige Erziehungssystem lässt sie Bildung als Last, nicht als Lust empfinden. Sie dient nicht der Erfüllung, sondern erfüllt einen Zweck: Ressourcennutzung zur Steigerung des materiellen Wettbewerbsvorteils und „Abschluss“ von Bildung („Bildungsabschluss“) als Voraussetzung für den Beruf. *„Wenn das Gehirn auf Leistung trainiert wird und Lehrer ‚ein gutes Gedächtnis zu haben‘ wichtiger finden, als etwas zu verstehen, werden Menschen zur Anpassung erzogen und erkennen nicht das Ganze, sondern immer nur die Mechanik von Teilen“* [27], so der Neurobiologe und Hirnforscher Gerald Hüther. Nicht die Neugier auf Erkenntnis der Wirklichkeit, sondern die Aussicht auf Erfolg auf dem Arbeitsmarkt treibt die Menschen dann an. Wer ohne Begeisterung lernt, lernt nicht gut, ist sich Gerald Hüther sicher. Gutes Lernen ist für ihn an Erfahrungen gekoppelt, die unter die Haut gehen, an ein Umfeld, das sowohl Verbundenheit bietet und als auch Wachstum ermöglicht.[28] Bildet man sich dort am besten im tieferen Sinne der Bildung, wo man sich eingeladen, angenommen, inspiriert, ermutigt und gefördert fühlt? Braucht es ein anderes Verständnis von Bildung und eine neue Lernkultur, um sein Potenzial besser zu entfalten und echte Freude dabei zu empfinden?

Geselligkeit

„Freie, durch keinen äußeren Zweck gebundene und bestimmte Geselligkeit wird von allen gebildeten Menschen als eins ihrer ersten und edelsten Bedürfnisse laut gefordert.“ [29] Mit diesen Worten begann Friedrich Schleiermacher 1799 seinen *Versuch einer Theorie des geselligen Betragens*. Nachdem er vor allem im Salon von Henriette Herz praktische Erfahrungen sammeln konnte, betrat er mit seiner Schrift theoretisches Neuland. Schleiermacher skizzierte dort Rahmenbedingungen, unter denen die ideale Geselligkeit realisiert werden kann. Er leugnete nicht, dass dazu sehr viel Übung gehöre und dieses Ideal wohl nur in seltenen Fällen erreicht werden würde. Die ideale Geselligkeit war für ihn eine dem Alltag enthobene, zweckfreie Sozialformation mit eigenen Gesetzmäßigkeiten. Die wohlüberlegte Zusammensetzung

und Wechselwirkung der Teilnehmenden, das Maß ihrer persönlichen Reife, ihr Gefühl für geselligen Ton und Takt, die Balance zwischen Sprechen und Zuhören sowie die Inhalte ihrer Gespräche formen die jeweilige Geselligkeit – im Ideal zu einem lebendigen Kunstwerk. Im neuhumanistischen und frühromantischen Denken war die ideale Geselligkeit nur als bildende Geselligkeit denkbar.[30]

Nicht ganz zweihundert Jahre später griff der Philosoph und Pädagoge Otto Friedrich Bollnow seinerseits das Idealbild der Geselligkeit auf. Es sei eine *„gehobene Stufe des menschlichen Lebens, die sich nur durch strenge Disziplin und besondere Pflege entwickeln kann"* [31]. Die Geselligkeit erfordere eine gewisse Leichtigkeit und eine Heiterkeit, welche das Gespräch erst zum Genuss mache. Ein Spiel, in dem Bälle hin- und her geworfen werden, ganz im Sinne Schillers, wenn er sagt, der Mensch sei nur da ganz Mensch, wo er spielt. Dieses Spiel „Geselligkeit" sollte Bollnow zu Folge aus bis zu zwölf Teilnehmern bestehen. Es erfordere eine gewisse Wachheit, denn immerfort laufe das Gespräch Gefahr, in bloßes Gerede abzugleiten.[32]

Bereits während des 18. Jahrhunderts wollte sich kaum jemand in Paris einen Abend in einem der bedeutenden Salons entgehen lassen, welcher geistigen Austausch und Zuwachs an Wissen versprach – und das in einem anregenden und zugleich entspannten, zwischen Machtstreben und Zweckfreiheit changierenden Ambiente. Wer dabei sein wollte, musste in den Formen geselligen Umgangs und der Kunst des Gesprächs geübt sein.

Im Gespräch besiegeln Sprache und Geselligkeit ihren Bund. Hier formt der Mensch nicht nur seine Gedanken, er bringt sich selbst zum Ausdruck. Der Denkbewegung des Einen kommt die Denkbewegung des Anderen entgegen. Und beide entzünden sich aneinander. Ihr Denken wird produktiv.[33] „Was ist erquicklicher als Licht?", fragte der König die Schlange in Goethes *Märchen*. „Das Gespräch", antwortete diese.[34] Eine gute Gesprächsführung ist für eine gelungene Geselligkeit unverzichtbar. Dazu gehört das Ringen um möglichst große Klarheit und Verständlichkeit der vorgetragenen Gedanken. Dazu zählt auch deutliches Sprechen und konzentriertes Zuhören. Und schließlich braucht es den Willen, einander ausreden zu lassen und eigene Ansichten darzustellen, ohne die anderer abzuwerten. Aber häufig geht es ganz anders zu: Man verliert sich in leerem Gerede, verfällt in Geschwätzigkeit oder wird wortkarg. Man hört einander nicht zu oder fällt anderen ins Wort. Man geht auf Gesagtes nicht ein, sondern versucht, möglichst schnell ein eigenes Statement loszuwerden. Nicht wenige neigen dazu, sich zu profilieren und nutzen jede Gelegenheit, um sich und ihren Standpunkt zu inszenieren und andere herabzusetzen. Andere ziehen sich resignierend zurück. Das Gespräch wird nicht geführt, sondern erstarrt oder treibt sich selbst überlassen dahin, ziel- und leider auch oft geistlos. Oder es wird herumgerissen und in die Richtung derer gezogen, die es für ihre Machtinteressen benutzen wollen. In hitzigen Verbalschlachten enden viele offen begonnene Gespräche, das schreckliche Gegenteil von geselliger Gesprächskultur.

In der so genannten Medien- und Kommunikationsgesellschaft wird unentwegt telefoniert, gemailt, gesimst, gesurft und getwittert, aber die grundlegenden Methoden, ein gutes Gespräch zu führen, beherrschen nur wenige. *„Wo Technik, Roboter, Märkte, also toter Pragmatismus herrscht, ist kein Platz für tatsächlich menschliche Bezogenheit (...) Die Technik ist demnach alles, der Mensch nichts mehr.“* [35] Der Journalist Alex Rühle verordnete sich selbst eine sechsmonatige digitale Abstinenz. In seinem Buch *Ohne Netz* beschrieb er die Erkenntnisse aus seinem Offline-Experiment: *„Das wahrscheinlich Schlimmste an meiner digitalen Sucht war die Aufmerksamkeitszerstäubung, die Schwierigkeit, über lange Strecken an ein und derselben Sache zu arbeiten.“* [36] Die Aufmerksamkeit richtet sich auf viele Dinge gleichzeitig und somit auf nichts: Leben im „Nebenbei“-Modus. Dem Hirnforscher Manfred Spitzer zufolge haben Menschen, die häufig mehrere Medien gleichzeitig benutzen, Probleme mit der Kontrolle ihres Denkens. Vor allem bei Jugendlichen hätte die *„Fähigkeit zur Konzentration und zur Versprachlichung von Gedanken“* ebenso wie ihre soziale Kompetenz abgenommen: *„Zur Dummheit gesellt sich eine merkwürdige Dumpfheit.“* [37] In seiner Kritik wendet sich Manfred Spitzer nicht gegen die digitalen Medien als solche, sondern gegen ihren übermäßigen Konsum. Eine Gefahr sieht er vor allem dann, wenn sie den direkten Kontakt mit anderen, Erwachsenen und Gleichaltrigen ersetzen. Ist der Mensch des 21. Jahrhunderts inmitten medialer Reizüberflutung und digitaler Technologisierung aus der Übung geraten, aufmerksam zu sein, sich mitzuteilen, zuzuhören und zu verstehen? Ist er dabei, gesprächsunfähig zu werden?

Nicht in den digitalen Sozialen Netzwerken wie Facebook, sondern in echten Begegnungen bewährt sich der Mensch. Und Begegnungen ereignen sich vor allem im Gespräch.[38] Die Fähigkeit zum Gespräch wie zur Geselligkeit müsse durch ständiges Üben weiterentwickelt werden, meinte Bollnow.

Für die moderne Pädagogik sah er darin einen dringlichen Auftrag.[39] Und heute ist das vielleicht noch wichtiger als vor zwanzig Jahren.

Den vorausgegangenen Ausführungen mag man entgegenhalten, viele Funktionen des Salon-Konzepts hätten sich historisch überlebt und selbst die Fokussierung auf die Triade Sprache, Bildung und Geselligkeit gehe insgesamt an den Bedürfnissen und Anforderungen des modernen Lebens vorbei. Der Einwand erfolgt nicht ganz zu unrecht. Wer sich in seiner Freizeit bilden will, wird mühelos fündig: In Volkshochschulen, Bildungshäusern, Stiftungen, Vereinen oder in Fern- und Onlinekursen, ganz zu schweigen vom Selbststudium mit Hilfe von Büchern und digitalen Medien. Noch nie zuvor gab es so viele Optionen, sich zu bilden. Auch wer die Sprache pflegen will und das interessante Gespräch sucht, braucht dafür nicht unbedingt einen Salon. Geselligkeiten können heute auf vielen Wegen entstehen. Jedes Modul der Triade kann auch für sich alleine umgesetzt werden. Das Besondere der Salons bzw. salonähnlicher Geselligkeiten liegt jedoch gerade in diesem Zusammenspiel von Bildung, Geselligkeit und Sprache. Und noch etwas anderes macht sie rückblickend zu etwas Einzigartigem: In der Kulturgeschichte stellten die Salons immer wieder Gegenentwürfe zu gesellschaftlichen Hauptströmungen dar. Häufig gingen sie gesellschaftlichen Um- und Aufbrüchen voran und begleiteten sie dann. Nicht nur Etablierte trafen sich dort, sondern ebenso die bildungshungrige und weltoffene Jugend, Künstler, Philosophen und Literaten. Vor allem die Jüngeren übten über diesen Weg Kritik an ihrer Zeit, an starren Gesellschaftsstrukturen und überkommenen Wertvorstellungen. Sie sehnten sich nach Entfaltung, Wachstum und Wandel. Mit ihren Ideen brachten sie etwas Frisches und gleichzeitig Ursprüngliches in die Welt. Dieses Potenzial macht das Besondere der Salons aus, und darin liegt womöglich auch ihre substantielle Bedeutung: Dass sie als Motoren für soziokulturelle Neuerungen und Katalysatoren für entscheidungswillige Menschen- und Bildungsideale dienten. Das hebt sie über das historisch Gebundene hinaus und macht sie aktuell. Deshalb kann ein weiterentwickeltes Salon-Konzept auch für die Gegenwart und Zukunft fruchtbar sein.

An vielen Orten könnten Inseln der Potenzialentfaltung von und für Erwachsene und Jugendliche entstehen – mit einer Beziehungskultur, die auf gegenseitiger Wertschätzung und Zuneigung fußt und das Wachstum jedes Einzelnen fördert. Es wäre möglich, sich in der Kunst des Gesprächs und im geselligen Umgang zu schulen, neue Formen des Miteinanders zu erproben und sich gegenseitig zu befruchten. Die

Gründung und Führung solcher Kreise wäre nicht an eine bestimmte Bezeichnung oder eine leitende Person gebunden. Die Gesprächsführung könnte variieren und jedes Mal einem anderen übertragen werden. Den Mittelpunkt der Geselligkeit bildete dann nicht eine Person, sondern das gemeinsame Interesse an einer Idee. In einem Raum solch freien Geistes könnten Menschen sich gegenseitig zum Selbst-Denken und damit zum Vor- statt zum Nach-Denken anregen. Statt Epigonen versammelten sich, wie damals zur Zeit der Aufklärung, wieder Pioniere eines neuen Geistes, welche den Mut haben, Weltbilder infrage zu stellen, die bisher als selbstverständlich angenommen wurden. Mit Hilfe der Erkenntnisse aus Neuer Physik (Quantentheorie) und Neuer Biologie (Neurobiologie und Hirnforschung) wäre etwas ganz Neues zu entdecken. Ein neues Bewusstsein könnte sich erschließen und erste Formen annehmen. Auf diese Weise könnten diese Geselligkeiten Initialzünder für eine neue Lebenshaltung, vielleicht auch für ein neues Bildungsideal und eine andere Sicht vom Menschen sein. Sie könnten Treibhäuser für ein neues Sprachbewusstsein und eine neue Kultur, Gedeihräume für alle sein, nämlich so wie Friedrich Schlegel das in den weiteren Strophen des eingangs zitierten Gedichts *Bündnis* entwickelt:

In neuer Jugend wird die Kraft gesunden,
die fort von Stuf' und Stufe höher schritte,
Und wenn man noch so starke Schmerzen litte:
Die Bildung bleibt, es fliehen nur die Stunden.

Es darf der Mensch von Herzensgrund nur wollen,
Mit Mut sich schließen an die mut'gen Brüder,
Den festen Sinn vom Ziele nimmer wenden;

So muß ihm jeder Stoff Gestaltung zollen,
Die höchsten Würden steigen zu ihm nieder.
Er kann des Lebens Kunstwerk groß vollenden.

---

1 www.salonmagazine.com, www.salonmagazin.de, www.salon.com.
2 Simanowski, 8.
3 http://www.openpr.de/news/192812/Salon-im-21-Jahrhundert-Wirtschaftliche-Kunst-Kuenstlerische-Wirtschaft.html, [URL vom 02.02.2011].
4 *DIE ZEIT* vom 05.07.2001.
5 Z. B. *Kultur-Salon* in Mainz, der *Literarische Salon Britta Gansebohm* in Berlin.
6 *Der Tagesspiegel* vom 01.03.2009.
7 *Süddeutsche Zeitung* vom 30.10.2007.
8 Ebd.; Cicero 11/2010.
9 Berliner Zeitung vom 07.10.2000.
10 Saxe, 17.

11 Ebd., 10.
12 Ebd., 12f.
13 www.salongesellschaft.de [URL vom 04.02.2011].
14 Welt am Sonntag vom 14.11.2010.
15 Cicero 11/2010.
16 Mendelssohn, Moses, zitiert in: Wilhelmy-Dollinger, 387f.
17 Humboldt, 60.
18 Bollnow (1971, 1983), 103f.
19 *DIE ZEIT* vom 01.07.2010, 44 – 45.
20 dpa-Meldung vom 28.11.2003.
21 Asserate, 159ff.
22 Görner, 281.
23 Stollberg-Rilinger, 2.
24 Adorno, 93.
25 Ebd., 111.
26 Liessmann, 10.
27 *Psychologie heute* vom 01.04.2010.
28 Hüther, Gerald: Vortrag *Goldegger Dialoge* 2009.
29 Schleiermacher, 15.
30 Reinhardt, 51.
31 Bollnow (1988), 76.
32 Ebd., 73f.
33 Bollnow (1983), 108.
34 Goethe (1795, 1977), Hamburger Ausgabe Bd. 6, 214.
35 *Psychologie heute* vom 01.04.2010.
36 Rühle, 75.
37 *Frankfurter Allgemeine Zeitung* vom 22.09.2010.
38 Bollnow (1959, 1977), 87 – 101.
39 Bollnow (1988), 76; Bollnow (1987).

Literaturverzeichnis

Adorno, Theodor W.: Zur Theorie der Halbbildung, in ders.: *Soziologische Schriften I.*, Suhrkamp Verlag, Frankfurt a. M. 1979, S. 93 – 121.

Andronikaschwili, Saal: Ekaterina II. – Kaiserin und Salondame zwischen Literatur und Politik, in: Simanowski, Roberto/Turk, Horst/Schmidt, Thomas (Hg.): *Europa – ein Salon? Beiträge zur Internationalität des literarischen Salons*, Wallstein Verlag, Göttingen 1999, 89 – 105.

Appel, Sabine: *Madame de Staël. Biografie einer großen Europäerin*, Verlag Artemis & Winkler, Düsseldorf 2006.

Asserate, Asfa-Wossen: *Draußen nur Kännchen. Meine deutschen Fundstücke*, Scherz Verlag, Frankfurt a. M. 2010.

Bernhardt, Ursula: *Bild und Buch. Französische Kultur im 18. Jahrhundert*. Eine Studio-Ausstellung in Zusammenarbeit im der Badischen Landesbibliothek, Staatliche Kunsthalle Karlsruhe 1994.

Bleibtreu, Karl: *Die Vertreter des Jahrhunderts*, Bd. 1, Verlag von Friedrich Luckhardt, Berlin und Leipzig 1904.

Bollenbeck, Georg: *Bildung und Kultur. Glanz und Elend eines deutschen Deutungsmusters*, Insel-Verlag, Frankfurt a. M./ Leipzig, 1994.

Bollnow, Otto Friedrich: *Anthropologische Pädagogik*, Verlag Paul Haupt, Bern/Stuttgart, 3. Aufl. 1983 (1. Aufl. 1971).

Bollnow, Otto Friedrich: *Existenzphilosophie und Pädagogik*, Kohlhammer Verlag, Stuttgart 5. Aufl. 1977 (1. Aufl. 1959).

Bollnow, Otto Friedrich: *Vom Geist des Übens. Eine Rückbesinnung auf elementare didaktische Erfahrungen*, Verlag Rolf Kugler, Oberwil b. Zug, 2. Aufl. 1987.

Bollnow, Otto Friedrich: *Zwischen Philosophie und Pädagogik. Vorträge und Aufsätze*, N. F. Weitz Verlag, Aachen 1988, 68 – 76.

Castiglione, Baldassare: *Der Hofmann. Lebensart in der Renaissance*, Wagenbach, Berlin 2004.

Dollinger, Petra: Internationale Vernetzung der deutschen Salons, in: Simanowski, Roberto/Turk, Horst/

Schmidt, Thomas (Hg.): *Europa – ein Salon? Beiträge zur Internationalität des literarischen Salons*, Wallstein Verlag, Göttingen 1999, 40 – 65.

Drewitz, Ingeborg: *Berliner Salons. Gesellschaft und Literatur zwischen Aufklärung und Industriezeitalter*, Verlag Haude & Spener, Berlin 1979.

Espagne, Michel: „De l'Allemagne", in: François, Étienne/ Schulze, Hagen (Hg.): *Deutsche Erinnerungsorte 1*, Beck Verlag, 225 – 241.

Herold, Christopher: *Madame de Staël. Dichterin und Geliebte*, Heyne Verlag, München 1980.

Falke, Jacob von: *Der französische Salon. Galanterie, Amüsement, Esprit im 17. Jahrhundert*, Keil Verlag, Bonn 1977.

Friedell, Egon: *Kulturgeschichte der Neuzeit*, Beck Verlag, München 1996.

Fuhrmann, Manfred: *Bildung. Europas kulturelle Identität*, Reclam Verlag, Stuttgart 2002.

Gaus, Detlef: *Geselligkeit und Gesellige. Bildung, Bürgertum und bildungsbürgerliche Kultur um 1800*, Metzler Verlag, Stuttgart/Weimar 1998.

Gerstinger, Heinz: *Altwiener literarische Salons. Wiener Salonkultur vom Rokoko bis zur Neoromantik (1777 – 1907)*, Avesa Verlag, Salzburg 2002.

Gleichen-Russwurm, Alexander von: *Das galante Europa. Geselligkeit der großen Welt 1600 – 1789*, Verlag Julius Hoffmann, Stuttgart 1919.

Goethe, Johann Wolfgang von: *Unterhaltungen deutscher Ausgewanderten, Das Märchen* (1795), in: Hamburger Ausgabe Bd. 6, Beck Verlag, München 9 Aufl. 1977.

Goethe, Johann Wolfgang von: *Literarischer Sanscullotismus* (1795*)*, in: Goethe. Werke. Hamburger Ausgabe (HA), Beck Verlag, München 8. Aufl. 1978.

Görner, Rüdiger: *Rainer Maria Rilke. Im Herzwerk der Sprache*, Wissenschaftliche Buchgesellschaft, Wien 2004.

Harsdörffer, Georg Philipp: *Frauenzimmer Gesprächspiele*, hrsg. von Irmgard Böttcher, 1. Teil, Max Niemeyer Verlag, Tübingen 1968.

Hauser, Arnold: *Sozialgeschichte der Kunst und Literatur*, München 1953, Bd. II, 6.

Heidegger, Martin: *Brief über den Humanismus* (1946), in: ders.: Gesamtausgabe Bd. 9: Wegmarken, Klostermann Verlag, Frankfurt a. Main 1976.

Heyden-Rynsch, Verena von der: *Europäische Salons. Höhepunkte einer versunkenen weiblichen Kultur*, Verlag Artemis & Winkler, Düsseldorf/München, 3. Auflage 1997.

Humboldt, Wilhelm von: *Gesammelte Schriften*, hg. v. d. Königlich Preußischen Akademie der Wissenschaften, 1. Abt. Werke, Bd. 7.

Humboldt, Wilhelm von: Ideen zu einem Versuch, die Grenzen der Wirksamkeit des Staates zu bestimmen (1792), in ders.: *Werke in fünf Bänden*. Bd. 1: *Schriften zur Anthropologie und Geschichte*, hrsg. von Andreas Filtner und Klaus Giel, Wissenschaftl. Buchgesellschaft, Darmstadt 3. Auflage 1980, 56 – 233.

Humboldt, Wilhelm von: Theorie der Bildung des Menschen. Bruchstück (1793), in ders.: *Werke in fünf Bänden*. Bd. 1: *Schriften zur Anthropologie und Geschichte*, hrsg. von Andreas Filtner und Klaus Giel, Wissenschaftl. Buchgesellschaft, Darmstadt 3. Auflage 1980, 234 – 240.

Jäckel, Günter (Hg.): *Frauen der Goethezeit in ihren Briefen*, Verlag der Nation, Berlin 1969.

Kaltenthaler, Albert: *Die Pariser Salons als europäische Kulturzentren unter besonderer Berücksichtigung der deutschen Besucher während der Zeit von 1815 – 1848*, Nürnberg 1960.

Kettering, Emil: *NÄHE. Das Denken Martin Heideggers*, Neske Verlag, Pfullingen 1987.

Koch, Manfred: *Die Weltfrau. Madame de Staël intrigiert in Wien gegen Napoleon,* in: Neue Zürcher Zeitung vom 27.09.2008.

Köhler, Astrid: Welt und Weimar: Geselligkeitskonzeptionen im Salon der Johanna Schopenhauer (1806 – 1828), in: Simanowski, Roberto/Turk, Horst/Schmidt, Thomas (Hg.): *Europa – ein Salon? Beiträge zur Internationalität des literarischen Salons*, Wallstein Verlag, Göttingen 1999, 147 – 160.

Kording, Inka (Hg.): *Louise Gottsched – „mit der Feder in der Hand". Briefe aus den Jahren 1730 – 1762*, Wissenschaftliche Buchgesellschaft, Darmstadt 1999.

Krapoth, Hermann: Geist des Gesprächs und Gespräch der Geister. Mme de Staël – Pariser Salonkultur und europäische Begegnungen, in: Simanowski, Roberto/Turk, Horst/Schmidt, Thomas (Hg.): *Europa – ein Salon? Beiträge zur Internationalität des literarischen Salons*, Wallstein Verlag, Göttingen 1999, 251 – 267.

Latour, Anny: *Kulturgeschichte der Dame*, Fischer Verlag, Hamburg 1963.

Leder, Christoph Maria: *Die Grenzgänge des Marcus Herz. Beruf, Haltung und Identität eines jüdischen Arztes gegen Ende des 18. Jahrhunderts*, Waxmann Verlag, Münster 2007, 146 – 148.

Lewald, Fanny: *Meine Lebensgeschichte* (1861 – 1863), in dies.: Gesammelte Werke. Band 3, Berlin 1871, S. 95 – 127.

Liessmann, Konrad Paul: *Theorie der Unbildung. Die Irrtümer der Wissensgesellschaft*, Piper Verlag, München 2010.

Mraz, Gerda: *Das Josephinische Erzherzögliche A. B. C. oder Namenbüchlein*, Harenberg Verlag, Dortmund 1980.

Rattner, Josef / Danzer, Gerhard / Fuchs, Irmgard: *Glanz und Größe der französischen Kultur im 18. Jahrhundert*, Verlag Könighausen & Neumann, Würzburg 2001.

Reinhardt, Ulrich: *EDUTAINMENT. Bildung macht Spaß*, Lit-Verlag, Münster 2005.

Rosen, Julia von: Austausch, Vielfalt und Lebendigkeit: Formen des Dialogischen bei Madame de Staël, in: Vickermann-Ribémont, Gabriele und Rieger, Dietmar (Hg.): *Dialog und Dialogizität im Zeichen der Aufklärung*, Gunter Narr Verlag, Tübingen 2003, 251 – 263.

Rühle, Alex: *Ohne Netz. Mein halbes Jahr Offline*, Klett-Cotta Verlag, Stuttgart 2010.

Schiller, Friedrich: *Über die ästhetische Erziehung des Menschen in einer Reihe von Briefen* (1795), in ders.: Sämtliche Werke. Bd. 5. Hrsg. von Gerhard Fricke und Herbert G. Göpfert, Hanser-Verlag, München 6. Aufl. 1980.

Schiller, Friedrich von: *Xenien* (1797), in ders.: Sämtliche Werke, Bd. 1, hrsg. von Gerhard Fricke und Herbert G. Göpfert, Hanser Verlag, München 6. Aufl. 1980.

Schleiermacher, Friedrich: Versuch einer Theorie des geselligen Betragens, in: *Friedrich Schleiermacher: Texte zur Pädagogik*, hrsg. von Michael Winkler und Jens Brachmann, Suhrkamp Verlag, Frankfurt a. M. 2000, 15 – 35.

Schlientz, Gisela (Hg.): *Madame de Staël. Jahre im Exil. Auf der Flucht vor Napoleon*, DVA, Stuttgart 1975.

Schmölzer, Hilde: *Revolte der Frauen. Porträts aus 200 Jahren Emanzipation*, Ueberreuter Verlag, Wien 1999.

Schneider, Susanne: Christiana Mariana von Ziegler (1695 – 1760), in: Merkel, Kerstin/Wunder, Heide (Hg.): *Deutsche Frauen der Frühen Neuzeit. Dichterinnen, Malerinnen, Mäzeninnen,* Primus Verlag, Darmstadt 2000, 139 – 152.

Schütz, Hans J.: *„Eure Sprache ist auch meine". Eine deutsch-jüdische Literaturgeschichte*, Pendo Verlag, Zürich, München 2000.

Sdvižkov, Denis: *Das Zeitalter der Intelligenz. Zur vergleichenden Geschichte der Gebildeten in Europa bis zum Ersten Weltkrieg*. Verlag Vandenhoeck & Ruprecht, Göttingen 2006.

Seibert, Peter: *Der literarische Salon. Literatur und Geselligkeit zwischen Aufklärung und Vormärz*, J. B. Metzler, Stuttgart, Weimar 1993.

Simanowski, Roberto / Turk, Horst / Schmidt, Thomas (Hg.): *Europa – ein Salon? Beiträge zur Internationalität des literarischen Salons*. Wallstein Verlag, Göttingen 1999.

Simmel, Georg: *Grundfragen der Soziologie*, Göschen'sche Verlagsbuchhandlung, Berlin/Leipzig 1917.

Söhn, Gerhart: *Frauen der Aufklärung und Romantik. Von der Karschin bis zur Droste*, Gruppello Verlag, Düsseldorf 1998.
Staël, Madame de: *Corinna oder Italien* (1807), dtv, München 1985.

Staël, Madame de: *Über Deutschland* (1813), Insel Verlag, Frankfurt 1985.

Stollberg-Rilinger, Barbara: Politische und soziale Physiognomie des aufgeklärten Zeitalters, in: Hammerstein, Notker / Herrmann, Ulrich (Hg.): *Handbuch der deutschen Bildungsgeschichte*, Bd. II., Beck Verlag, München 2005.

Strube, Rolf (Hg.): *Sie saßen und tranken am Teetisch. Anfänge und Blütezeit der Berliner Salons 1789 – 1871*, Piper Verlag, München 1991.

Tevzadze, Gigi: Der Salon als Instanz einer Vermittlung zwischen Staat und Gesellschaft. Eine Studie zur Geschichte literarischer Vermittlung, in: Simanowski, Roberto /Turk, Horst / Schmidt, Thomas (Hg.): *Europa – ein Salon? Beiträge zur Internationalität des literarischen Salons*, Wallstein Verlag, Göttingen 1999, 80 – 88.

Tornius, Valerian: *Salons. Bilder gesellschaftlicher Kultur aus fünf Jahrhunderten*, Carl Henschel Verlag, Berlin 1925.

Veit, Valentin: *Weltgeschichte*, Köln-Berlin 1939.

Wilhelmy, Petra: *Der Berliner Salon im 19. Jahrhundert (1780 – 1914)*, Walter de Gruyter Verlag , Berlin/New York 1989.

Wilhelmy-Dollinger, Petra: *Die Berliner Salons. Mit kulturhistorischen Spaziergängen*, Walter de Gruyter Verlag, Berlin 2000 (1. Aufl. 1989).

Biographisches

Dr. Ariane Martin

1969	geboren in Mainz

Ausbildung

1988	Abitur
1988 – 1990	Kaufmännische Ausbildung
1990 – 1996	Studium an der Johannes Gutenberg-Universität in Mainz, Ethnologie, Spanisch und Soziologie; Vorlesungen und Seminare in weiteren Fachbereichen
1994	Auslandssemester an der Universidad de Salamanca in Spanien
1996	Abschluss des Studiums als Magistra Artium
2003 – 2005	Interdisziplinäres Doktoratsstudium an der Universität Wien, Institut für Kultur- und Sozialanthropologie
2005	Promotion zur Doktorin der Philosophie. Publikation der Dissertation unter dem Titel *Sehnsucht der Anfang von allem. Dimensionen zeitgenössischer Spiritualität,* Schwabenverlag 2005, Shaker media 2011

Berufliches

1992 – 1996	Redaktionelle Mitarbeiterin beim digitalen Kulturkanal 3sat
1996 – 2001	Freiberufliche Filmautorin, hauptsächlich für ZDF und 3sat
seit 2001	Redakteurin in der ZDF-Hauptredaktion „Kultur und Wissenschaft"
seit 2006	Vorträge und Seminare zu geistigen und kulturellen Themen.

Interessen	Die geistigen Aspekte des Menschseins und ihre kulturellen Ausdrucksformen; Fragen gesellschaftlicher Verantwortung; Bewusstseinswandel im 21. Jahrhundert.

EINE STIFTUNG zur Erneuerung geistiger Werte

Die Dr.-Ing.-Hans-Joachim-Lenz-Stiftung wurde 2002 als rechtsfähige öffentliche Stiftung des bürgerlichen Rechts mit Sitz in Mainz gegründet. Sie verfolgt ausschließlich und unmittelbar gemeinnützige Zwecke.

Im Wege der finanziellen Unterstützung fördert sie innovative und modellhafte Projekte auf den Gebieten der Bildung und Erziehung mit dem Ziel der Erneuerung geistiger Werte. Als Impulsgeber und Motor für dauerhafte und nachhaltige Konzepte konzentriert sie sich auf die junge Generation. Jugendliche für das Leben zu befähigen, an Werte des Geistes, an Würde, Freiheit und Toleranz zu erinnern, ist ihre höchste Aufgabe. Sie will Menschen begleiten vom Kindesalter bis zur Berufsreife, ohne soziale, politische, religiöse Unterscheidung im Sinne des Grundgesetzes. Die Themen der Stiftung sind:

Bildung
Hebung des kulturellen Niveaus
Erweiterung des allgemeinen Wissens
Zusammenführung von Geistes- und Naturwissenschaften
Persönlichkeitsentfaltung
Erneuerung eines humanistischen Menschenbildes

Erziehung
Entwicklung und Erprobung neuer Lehr- und Lernmethoden durch
- Spielendes Lernen
- Lernen durch Vorbild
- Wissenserwerb statt Wissensvermittlung

Sprache
Erhaltung und Stärkung der deutschen Sprache
Erweiterung und Pflege des Wortschatzes
Sprachliche Ausdrucksformen in Literatur und Poesie
Persönlichkeitsentfaltung durch Sprache, denn:

Mit unserer Sprache sind wir ein Leben lang unterwegs.

Die Förderung von Projekten im Sinne der Stiftungsziele wird aus Spendenmitteln finanziert. Die Akzeptanz der Stiftungsziele und des Förderprogramms drücken Spender mit ihren finanziellen Beiträgen aus. Wir freuen uns über jede Zuwendung:

Mainzer Volksbank BLZ 551 900 00, Kto. 400 4040

Dr.-Ing.-Hans-Joachim-Lenz-Stiftung
Stiftung zur Erneuerung geistiger Werte

Am Michelsberg 1, D-55131 Mainz, Tel. 06131-832255, Fax 06131-85534
E-Mail: info@lenz-stiftung-mainz.de, www.lenz-stiftung-mainz.de

Dr. Ing.-Hans-Joachim-Lenz-Stiftung

In der Edition werden Forschungsergebnisse und Modellprojekte aus dem Förderprogramm der Dr.-Ing.-Hans-Joachim-Lenz-Stiftung im Sinne der Nachhaltigkeit und Gemeinnützigkeit publiziert.

Band 1 - Die heilige Stadt
Eine Vision am Beispiel der Stadt Mainz
von Hans-Joachim Lenz,
56 Seiten, broschiert, € 8,80, ISBN 978-3-938088-00-5

Band 2 - Am Anfang waren die Werte
Plädoyer für eine Neuorientierung in der Erziehung von Kindern und Jugendlichen
von Gabriela Wolf
132 Seiten, broschiert, € 13,80, ISBN 978-3-938088-01-2

Band 3 - Leben ist Spiel
Eine Ferienwoche als Lebensschule
von Gabriela Wolf mit Christine Bredenhöller, Andrea Heck, Angelika Humann, Margit Kluge, Reinhild Michel, Sonja Wagener, Heidi Wiehr, reich bebildert.
192 Seiten, broschiert, € 25,00, ISBN 978-3-938088-02-9

Band 5 - Freunde fürs Leben
Die Körperwelt im Spiel erkunden
Hrsg. Andreas Krause mit A. Heck, A. Humann, G. Wolf
180 Seiten, broschiert, € 15,80, ISBN 978-3-938088-05-0

Band 7 - Das vergessene Wort I
Vom Reichtum der deutschen Sprache in Darmstadt, Weinheim und Oppenheim
von Katrin Bibiella
291 Seiten, broschiert, € 24,80, ISBN-978-3-938088-07-4

Band 10 - Ehrfurcht vor dem Leben
Albert Schweitzer zur Erneuerung der Kultur
von Claudia Burghart
140 Seiten, broschiert, € 12,80, ISBN 978-3-938088-12-8

Band 11A - Jugend lehrt Jugend
Ein pädagogisches Modellprojekt in Bad Kreuznach
von Sonja Wagener
Teil I: 101 S., brosch.,€ 8,80, ISBN 978-3-938088-11-1
Teil II: 113 S., brosch.,€ 9,80, ISBN 978-3-938088-13-5
Teil III: 99 S., brosch.,€ 8,80, ISBN 978-3-938088-20-3

Band 11B - Jugend lehrt Jugend
Ein pädagogisches Modellprojekt in Overath
von Petra Ehrler
Teil I: 105 S., brosch.,€ 9,20, ISBN 978-3-938088-10-4
Teil II: 167 S., brosch.,€ 14,20, ISBN 978-3-938088-14-2
Teil III: 115 S., brosch.,€ 9,80, ISBN 978-3-938088-23-4

Band 12 - Das vergessene Wort II
Vom Reichtum der deutschen Sprache in Heidelberg und Weimar
von Katrin Bibiella
166 Seiten, broschiert, € 14,20, ISBN 978-3-938088-08-1

Band 13 - De Dignitate Hominis
Zum Menschenbild in der Geschichte der Pädagogik
von Gabriela Wolf
160 Seiten, broschiert, € 14,20, ISBN 978-3-938088-09-8

Band 14 – Handeln als gelebter Wert
Aus Hannah Arendts Leben und Werk
von Patricia Rehm
146 Seiten, broschiert, € 12,80, ISBN 978-3-938088-15-9

Band 15 – KulturForum Wissen 2007
„Wir sind auf dem Weg."
Ein Menschenbild zwischen Geist und Materie
von Hans-Joachim Lenz
52 Seiten, broschiert, € 5,80, ISBN 978-3-938088-16-6

Band 16 – Das vergessene Wort III
Vom Reichtum der deutschen Sprache in Aschaffenburg
von Katrin Bibiella
103 Seiten, broschiert, € 9,20, ISBN 978-3-938088-17-3

Band 18 – Das Tagebuch
Ein Medium zur Selbstreflexion
von Sabine Gruber
122 Seiten, broschiert, € 10,80, ISBN-13 978-3-938088-19-7

Band 19 – Leben ist Spiel II
Eine Ferienwoche als Lebensschule in Overath
von Petra Ehrler u. a., reich bebildert
158 Seiten, broschiert, € 14,90, ISBN-13 978-3-938088-21-0

Band 20 - KulturForum Wissen 2008
Vergessene Werte – Von den Wurzeln der Kultur
239 Seiten, broschiert, € 22,90, ISBN-978-3-938088-22-7

Band 21 - KulturForum Wissen 2009
Liebe – das All-Eine
173 Seiten, broschiert, € 16,80, ISBN 978-3-938088-24-1

Band 22 – Das vergessene Wort IV
Vom Reichtum der deutschen Sprache in Marburg
von Katrin Bibiella
128 Seiten, broschiert, € 11,80, ISBN 978-3-938088-25-8

Band 23 – Das Hohelied vom Menschen
Eugen Finks Deutung der menschlichen Existenz
von Angelika Humann
85 Seiten, broschiert, € 8,80, ISBN 978-3-938088-26-5

Band 24 - KulturForum Wissen 2010
Menschen, die die Welt bewegten
167 Seiten, broschiert, € 16,80, ISBN 978-3-938088-27-2

Band 26 - KulturForum Wissen 2011
Menschen, die die Welt bewegten
181 Seiten, broschiert, € 18,80, ISBN 978-3-938088-29-6

Band 27 – Das vergessene Wort V
Vom Reichtum der deutschen Sprache in Bad Homburg v. d. Höhe
von Katrin Bibiella
141 Seiten, broschiert, € 14,90, ISBN 978-3-938088-30-2

Weitere Projekte siehe:
www.lenz-stiftung-mainz.de